短期经济波动与长期增长

新常态下短期经济波动对长期增长的影响机理与对策研究

池建宇 著

本书受教育部人文社会科学基金一般项目“新常态下短期经济波动对长期增长的影响机理与对策研究”（项目编号：16YJA90010）资助

首都经济贸易大学出版社
Capital University of Economics and Business Press
·北 京·

图书在版编目（CIP）数据

短期经济波动与长期增长：新常态下短期经济波动对长期增长的影响机理与对策研究/池建宇著．--北京：首都经济贸易大学出版社，2019．12

ISBN 978-7-5638-3026-8

Ⅰ．①短…　Ⅱ．①池…　Ⅲ．①经济波动—影响—中国经济—经济增长—研究　Ⅳ．①F124．1

中国版本图书馆 CIP 数据核字（2020）第 012375 号

短期经济波动与长期增长：
新常态下短期经济波动对长期增长的影响机理与对策研究
池建宇　著

责任编辑　王玉荣
封面设计　傅释墨
出版发行　首都经济贸易大学出版社
地　　址　北京市朝阳区红庙（邮编 100026）
电　　话　（010）65976483　65065761　65071505（传真）
网　　址　http：//www. sjmcb. com
E- mail　publish@cueb. edu. cn
经　　销　全国新华书店
照　　排　北京砚祥志远激光照排技术有限公司
印　　刷　人民日报印刷厂
开　　本　710 毫米×1000 毫米　1/16
字　　数　216 千字
印　　张　12. 5
版　　次　2019 年 12 月第 1 版　2019 年 12 月第 1 次印刷
书　　号　ISBN 978-7-5638-3026-8
定　　价　58. 00 元

本书受教育部人文社会科学基金一般项目“新常态下短期经济波动对长期增长的影响机理与对策研究”（项目编号：16YJA90010）资助

前　　言

本书是笔者承担的教育部人文社会科学基金一般项目“新常态下短期经济波动对长期增长的影响机理与对策研究”（项目编号：16YJA790010）的结项成果之一。

本书研究了我国的短期经济波动对长期增长的影响方向及其内在机制。根据本书的实证分析，我国省级层面经济的短期波动对长期增长的影响性质呈倒U形。如果波动的幅度较小，那么经济波动性的增加将有助于经济的长期增长率的提升；越过临界值后，波动幅度的增加只会降低经济的长期增长。经济波动的来源是复杂的，技术、政策、市场的不确定性都会带来经济的短期波动。一般认为，波动性对长期增长的正向影响主要来自于技术创新的冲击，而波动性对长期增长的负向影响则主要来自于政策和市场的不确定性。短期经济波动不但直接影响长期增长，而且，它会通过影响政府支出进而对长期增长带来负向的间接影响。在经济波动影响经济增长的过程中，政府是极其重要的，增加政府支出进而扩大政府规模本身会对经济增长带来负向影响。

本书的写作过程历时两年，最终得以按时出版，在此特别感谢项目组成员赵家章教授、方英教授、戴建华教授、张文副教授、曲小刚副教授和于晗副教授的大力支持和协作，感谢姚林青教授、王锦慧副教授、李石强副教授、孟奎副教授和赵娟副教授对本书内容的评阅。

本书第二章文献综述部分由中国传媒大学经济与管理学院博士生顾恩澍完成。另外，中国传媒大学经济学专业本科生陈林曦和宋名琪参与了本书第四章的写作，骆子珩、叶楚、何雨欣、张海珍等同学参与了本书相关数据的搜集和整理工作。

感谢首都经济贸易大学出版社王玉荣编辑的辛勤劳动。

目 录

1

绪言

改革开放以来，增长已成为中国宏观经济的基本面和主要特征。在过去40年中，无论是名义国内生产总值（GDP），还是实际GDP，中国都保持了比较高的增长速度。然而，近年来，中国的国内生产总值增长已大幅放缓。特别是2008年金融危机之后，中国经济不仅增速放缓，而且波动加剧，如图1-1所示。在经济下行的新常态下，经济的长期增长趋势和短期波动性都是值得研究的重要课题。

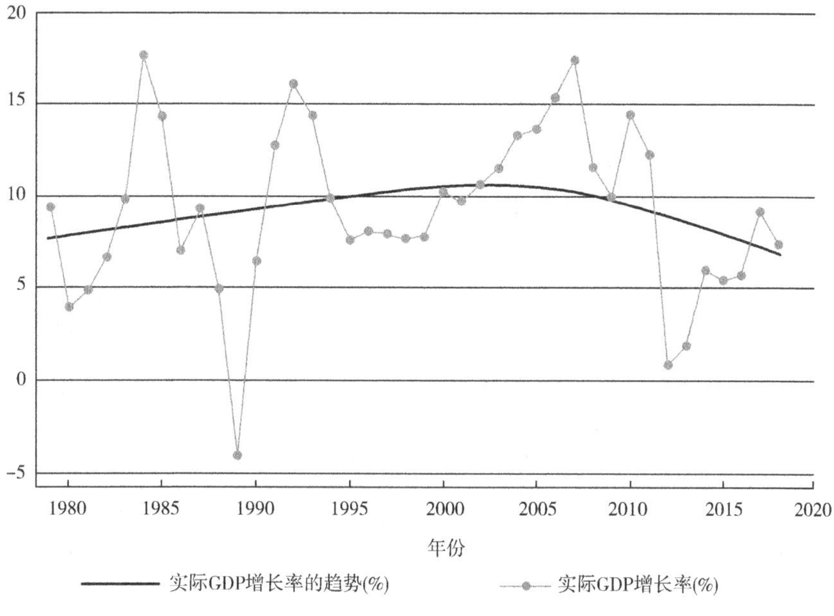

图1-1　中国实际GDP和长期趋势（1979—2018年）

2014年11月9日，习近平主席在出席亚洲太平洋经济合作组织（APEC）工商领导人峰会时指出，经济增长速度从高速降为中高速，是我国经济新常态的一个重要特征。[①] 很多学者对经济降速这个特征的性质进行了研究。有些学者认为这次经济下行是趋势性的，即我国经济长期增长的趋势在放缓，原因在于技术进步速度放缓导致全要素生产率（TFP）增速下降（方福前，2014）；但也有学者指出，这次经济下行只是一个周期性的现象，即新常态只不过是一个经济周期的下行区间而已，经济步入下行通道，主要还是由总需求不足的周期性因素引起的（郭豫媚和陈彦斌，2015）。实际上，中国经济经历了几十年的高速增长，增长速度放慢是必然的，只是时间问题。特别是，20世纪90年代之后，多种有利因素叠加，造成了一个较长时期的高增长周期。[②] 但是，无论是内部因素还是外部因素发生的消极变化，都有可能结束这个上行周期，使得经济进入下行周期。因此，新常态的经济增速放缓是趋势性放缓和周期性放缓两者的结合（方福前、邢炜和王康，2017）。

短期经济波动怎样影响长期经济增长是一个非常重要的问题。首先，短期经济波动是否会影响长期的增长趋势？如果这种影响确实存在，那么政府为了应对经济波动而采取的各项政策当然也就会影响经济的长期增长。这样，政府无论实行财政政策还是货币政策，都不能只考虑短期的波动性，而是要同时把这些政策对经济长期增长的影响也考虑在内。反过来，如果短期波动确实对长期增长趋势没有影响，那么政府的政策就无须考虑长期影响，

① 根据习总书记的说法，我国经济已经进入新常态，有三个主要特征：一是从高速增长转为中高速增长；二是经济结构不断优化升级；三是从要素驱动和投资驱动转向创新驱动。参见 http：//politics. people. com. cn/n/2014/1109/c1024-25998809. html。

② 最主要的因素包括1992年邓小平南方谈话和2001年中国加入世界贸易组织。

只要它能在短期内发挥预期的作用即可。其次，如果短期经济波动影响长期增长，这其中的影响机制是怎样的？关于这一点，非常有必要进行研究。

经济的短期波动和长期增长是宏观经济学研究的两大主题，它们也是宏观经济政策要解决的主要问题。经济波动研究的是宏观经济中纯粹的波动部分，研究波动的形成机制和基本特征以及政策效果等，这是一个短期问题；而经济增长理论则研究在长期中经济的增长趋势，探讨形成这种趋势的内在规律。显然，无论是经济周期理论，还是经济增长理论，它们研究的内容都是宏观经济的基本特征，所以这两个理论应该是密切相关的。但事实上，这两个理论长期以来都处于割裂状态。

要研究新常态经济，必须把长期增长趋势和短期经济波动放在一个统一的理论框架内进行研究。唯其如此，才能提出有说服力的政策建议。既然短期波动和长期增长总是相伴相随的，那么就有必要探究两者存在的内在联系。需要明确的是，短期波动是怎样影响长期增长的，其内在机理是什么。另外，不同性质的短期波动对长期增长的影响方向是怎样的，也是一个重要问题。经济波动到底是促进经济增长，还是抑制经济增长？如果是前者，我们就无须使用宏观经济政策来平抑波动；如果是后者，实施稳定性经济政策就非常有必要。当然，不同来源的经济波动可能对长期增长的作用方向并不一致，这就要求政府针对不同来源的波动，采取不同的经济政策。总之，要想做出令人信服的政策建议，就必须明确短期波动与长期增长之间的因果关系。本书首先从理论上对这个因果关系进行说明，然后用中国的省级面板数据来进行验证。图 1-2 是本书内容的基本框架图。

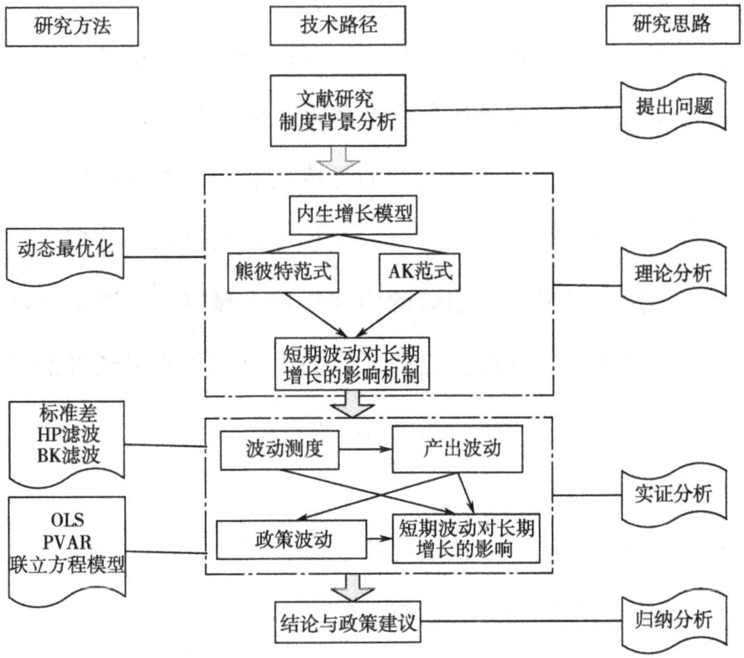

图 1-2　全书内容框架图

本书第二章为文献综述，从理论、方法和实证三个角度综述了短期波动影响长期增长的国内外文献。

本书第三章为理论部分。在内生增长理论框架内构建理论模型。以一个简单的线性内生增长模型为基准模型，然后扩展成一个 AK 模型，进一步扩展为一个两部门模型，同时考虑总量冲击和部门冲击，最后，加入人力资本和政府支出以及税收的冲击。这样，本书模型就能尽可能贴近现实，描述短期波动的冲击对长期增长的影响方向和内在机制。

本书第四章和第五章为实证部分，对第三章的理论进行经验验证，使用的是中国省级面板数据。第四章从总体上验证短期波动对长期增长的影响；第五章构建联立方程模型，主要从财政政策的角度来验证短期波动怎样影响长期增长，试图克服计量分析中的内生性问题，并进行了大量的稳健性检验。

第六章为结论和政策建议。

2

文献综述

2.1 引言

作为宏观经济理论的两大主题，经济的短期波动和长期的增长问题始终受到经济学家的关注。传统的宏观经济理论将两者分开研究，即“二分法”。20世纪80年代产生的真实经济周期理论和内生经济增长理论则表明两者或许呈相关关系。作为宏观经济政策制定的参考，短期波动和长期经济增长的关系问题是当今宏观经济研究的重要领域。

对于短期波动与经济增长之间的关系，无论是理论研究还是实证研究，都没有得出一个一致的结论。有的研究认为两者呈正相关关系，有的认为呈负相关关系，也有研究认为两者没有相关关系。这可能与研究过程中使用的理论、数据、国情、计量方法以及对经济波动的测量方法（经济波动影响因素）等的不同有关。现如今，关于短期波动和经济增长的关系研究已有一定的成果。在相关文献综述方面，Larry E. Jones 和 Manuelli（2005）就短期波动与经济增长的关系从理论和实证的角度进行过总结，却没有考虑对经济波动测量方法不同可能造成的偏差。在国内，有一些文献在理论和实证方面进行了较为全面的综述，如钱士春（2004）、钟春平和徐长生（2004）、卢二坡（2008）、刘建江和罗双成及邹花兰（2015）等的研究。而卢二坡（2011）则进一步对经济波动的测量方法进行了综述。本章第二节则在此基础上，更为具体地从各种波动测量方法的测度原理、优缺点和适用条件等方面进行综述。本章的第三和第四节分别对短期波动和经济增长间关系的理论和实证研究成果进行了综述，在实证研究方面，与之前综述不同的是，本章着重对政策不确定性对经济增长的影响进行综述。本章的第五节为总结。

2.2 经济波动的度量方法

所谓经济波动，是总体经济活动沿着经济增长的总体趋势而出现的有规律的扩张和收缩。经济波动不仅仅有经济周期的含义，也有不确定性、风险等含义。而由于经济波动是超越体制和发展阶段的普遍现象，经济周期则是社会生产力发展到一定水平、商品生产发展到一定程度的产物，所以经济波动的概念比经济周期更广泛，且意指经济变量中所有变动的波动，其中包含着波动中不可预测的部分——不确定性和风险。

在实证研究中，经济波动的度量并没有一个特定的最优度量法，而是根据所研究问题的特点而决定的。对经济波动进行度量时，需要考虑的因素包括样本长度、时间频率和权重。当波动在整个样本期间保持稳定时，更长的样本长度可以提高度量的精确性；用以计算经济波动的频率，根据不同的研究对象有所不同；标准差作为波动度量方法之一，在计算时偏离均值的正的偏差和负的偏差的效应是同等的，但现实中正向冲击和负向冲击对经济波动的影响程度不一定是相同的，不同的效应可以通过权重的不同进行表示。通常情况下，计算波动时，会赋予正向冲击较小的权重、负向冲击较大的权重。

Lensink，Bo 和 Sterken（1999）根据度量经济波动所用数据的不同，将经济波动的度量方法分为事后方法和事前方法。其中，事后方法主要采用所研究的随机变量的历史数据来度量经济波动，而事前方法则是通过调查（如问卷等形式）得到的数据来计算经济波动。然而，由于事前方法的调查需要大量的样本才能获得可靠的数据，并且关于调查数据的假设——主观概率分布反映客观概率分布并不一定成立。因此，尽管事后方法不能反映样本初期预期的波动，但事后方法却是在实际研究中通常采用的。

关于经济波动的测量，Rancière，Tornell 和 Westermann（2008）从统计学的角度解释经济波动，指出其是通过标准差或者更大的偏离值表示的。Wolf（2005）指出可以使用两个主要的波动性指标：一个用来衡量一个经济系列的变异性，即考虑统计系列的所有暂时性变化；另一个则衡量经济不确定性或总变异性变化的不可预测性。

在相关文献中，经济波动度量的相关方法有：经济增长率的标准差、产出缺口的标准差、AECH 模型、增长方程预测残差的标准差以及经济增长的在险水平等，这些将在下面的部分中进行介绍。而关于经济政策不确定性的度量，则是近几年引起学界关注并取得重要进展的一个对于不确定性度量的问题，在此将进行详细的阐述。

2.2.1 经济增长率的标准差

经济增长率的标准差是一个统计学上的概念，反映了 GDP 增速的偏离情况，值越大就表示经济增速波动越大，经济稳定性不好。

在实证分析中，采用最多的经济波动度量方法就是经济增长率的标准差，或者更广泛地说，是采用经济指标增长率的标准差来衡量波动。

例如，Ramey 和 Ramey（1995）使用人均 GDP 增长率的标准偏差来研究经济变化率的影响。Serven（1999）研究了经济波动对撒哈拉以南非洲投资的影响，并使用了两个宏观经济波动率测度，即标准差和几个总体变量的系数（贸易条件、黑市溢价、通货膨胀等）。Acemoglu，Johnson，Robinson 和 Thaicharoen（2003）研究了制度质量对宏观经济波动的影响，并用 GDP 增长率和贸易条件的标准差来衡量后者。类似地，van der Ploeg 和 Poelhekke（2009）研究了高水平的外部冲击暴露的影响，并使用贸易条件增长率的标准差以及居民和出口指标。Raddatz（2007）还使用了基于几个宏观经济变量①增长率的标准差的措施，以检查外部冲击对非洲国家的 GDP 波动性的贡献。因此，通常将基于方差（标准差或变差系数）的波动率措施应用于诸如 GDP、贸易条件、出口收入、商品价格或国际利率等不同系列。

利用经济指标增长率的标准差来衡量经济波动，计算方法简单，并且对样本长度的选取灵活，允许波动的时变性。然而在计算中却隐含着在所度量的样本期间内潜在增长率不变的假设。如果潜在经济增长率有向上或向下的变动趋势，就会夸大宏观经济波动，并且这一衡量方式很难解释波动度量代表着什么。

① 初级产品价格、贸易条件、每个居民的援助、每个居民的 GDP 和 LIBOR（伦敦同业拆借利率）。

2.2.2 产出缺口的标准差

产出缺口是现实产出与潜在产出的差值占现实产出或潜在产出的比率，测度的是经济周期波动对产出的影响。而产出缺口的标准差则度量了经济周期意义上的波动强度。就产出缺口的估计方法，目前常用到的有 HP 滤波法、BP 滤波法和不可观测成分法。

2.2.2.1 HP **滤波法**

HP 滤波是 Hodrick 和 Prescott（1997）在分析美国战后的经济景气时首先提出的，是经济周期研究中广泛使用的滤波算子。HP 滤波法是一种时间序列在状态空间中的分析方法，相当于波动方差的极小化。其理论基础是时间序列的谱分析方法，即把时间序列看作不同频率成分的叠加，通过研究和比较各分量的周期变化，以充分揭示时间序列的频域结构，掌握其主要波动特征。而引用 HP 滤波法，就是在这些所有不同频率的成分中，分离出频率较高的成分和频率较低的成分（长期趋势项）。

假设经济时间序列 $Y=\{y_1, y_2, \cdots, y_n\}$，增长趋势序列为 $G=\{g_1, g_2, \cdots, g_n\}$，周期序列为 $C=\{c_1, c_2, \cdots, c_n\}$。HP 滤波则将 $y_i(i=1, 2, \cdots, n)$ 分解为 $y_i=g_i+c_i$，g_i 和 c_i 均为不可观测值。其中，趋势要素 G 即为（2-1）式最小化问题的解：

$$\min\left\{\sum_{t=1}^{n}(y_t-g_t)^2+\lambda\sum_{t=1}^{n}[B(L)g_t]^2\right\} \tag{2-1}$$

其中，$B(L)=(L^{-1}-1)-(1-L)$ 为延迟算子多项式；由于增长序列的变异性，λ 为正数。带入（2-1）式，HP 滤波解决的问题即为：

$$\min\{\sum_{t=1}^{n}(y_t-g_t)^2+\lambda\sum_{t=1}^{n}[(g_{t+1}-g_t)-(g_t-g_{t-1})]^2\}$$

(2-2)

而对于足够大的 λ，g_t-g_{t-1} 必须接近某个常数 β，因此 g_t 必须接近 $g_0+\beta_t$。可见，当 λ 增加时，估计趋势越平滑。而当 λ 接近无穷时，(2-2) 式的解的极限是时间序列模型的最小二乘组合，接近线性函数。而对于 λ 的取值，季度数据的取值基本达成了共识，为 1 600，虽然 Flaig（2015）认为应该使用比 1 600 更高的平滑参数的 HP 滤波，能得到自相关周期分量的最佳 Wiener-Kolmogorov 滤波的良好近似。对于年度数据，Backus 和 Kehoe（1992）认为 λ 取值应为 100，Ravn 和 Uhlig（2002）则发现 λ 的取值应为数据频率的四次方，在季度数据 λ 取值为 1 600 的情况下，年度数据取值为 6.25（即 $1\ 600/4^4$），不同于先前文献中认为的 100 或 400；而月度数据 λ 的取值为 129 600（即 $1\ 600\times3^4$），这与普遍认为的月度数据 λ 的取值 14 400 出入较大。

HP 滤波建立在对宏观经济变量趋势或成分描述更为合理的基础上，使用相对简便。不过，HP 滤波仍存在一些缺陷，比如，HP 滤波估计的潜在产出水平更容易受到样本期初和期末实际产出变动的影响。Harvey 和 Jaeger（1993）、Cogley 和 Nason（1995）认为，对于相互独立且不存在序列相关的时间序列，HP 滤波提出趋势后的剩余波分会存在明显的相关关系。Hamilton（1983）则指出：HP 滤波会产生有虚假动态关系的序列；单侧的滤波器减少但不消除伪的预测性；被研究人员普遍认为的平滑参数 λ = 1 600 的值往往与实际情况不相同。

2.2.2.2 BP 滤波法

连平和吴金友（2011）提出，BP 滤波即功率谱分析，通过将时间序列看作是互不相关的周期（频率）分量的叠加，利用一系列不同频率的正弦、余弦函数对一组数据点进行拟合，根据频率波动的贡献率来解释周期波动成分以掌握主要波动特征。与 HP 滤波法相似，BP 滤波法的理论基础也是谱分析，并在分离时间序列的趋势和循环序列时，认为两者是相加的关系。因此，在研究过程中，为了得到实际经济增长相对于趋势增长的偏离程度，可以对原序列进行对数处理，再使用 BP 滤波法，得到循环成分相对于趋势成分的偏离程度（蒋迪娜，2010）。而与 HP 滤波不同的是，BP 滤波法基于频域分析，能够根据研究者依据先验信息事先设定的波动周期在循环项的上下限的性质，通过对原序列加权近似得到满足实现设定性质的循环成分。具体来说，BP 滤波法的原理可做如下表述。

考虑随机过程 $\{x_i\}$ 的线性变换：

$$y_i = \sum_{j=-\infty}^{\infty} w_j x_{t-j}$$

其中，w_j 为权重序列，是一个确定的序列。若以延迟算子表示，y_i 可被表示为：

$$y_i = W(L) x_i$$

其中，

$$W(L) = \sum_{j=-\infty}^{\infty} w_j L^j$$

根据谱分析，$\{y_i\}$ 的功率谱可以表示为：

$$f_y(\lambda)=|W(e^{-a\lambda})|^2 f_x(\lambda)$$

其中，a 为满足 $a^2=-1$ 的虚数，$f_y(\lambda)$ 和 $f_x(\lambda)$ 分别为 $\{y_i\}$ 和 $\{x_i\}$ 的功率谱，$e^{-a\lambda}=\cos\lambda-a\sin\lambda$，$W(e^{-a\lambda})$ 被定义为：

$$w(\lambda)=W(e^{-a\lambda})-\sum_{j=-\infty}^{\infty}w_j e^{-aj\lambda}$$

而 $w(\lambda)$ 为滤波的频率响应函数，$|W(e^{-a\lambda})|^2$ 为滤波的功率传递函数。在实际应用中，对序列进行滤波的项是有限的。如果设截断点为 m，则频率响应函数为：

$$w_m(\lambda)=\sum_{j=-\infty}^{\infty}w_j e^{-aj\lambda}$$

通过对滤波的频率响应函数的权重序列进行调整确定，可以使 $w(\lambda)$ 在某些频率区间内等于或近似等于 0，以过滤频率带中的分量，留下其他频率成分。被留下的频率将处于低频、高频或某个中间带上，分别被称为低通滤波、高通滤波和常通滤波。BP 滤波即为常通滤波。根据不同的移动平均权重的计算方式，BP 滤波可以划分为 BK 固定长度对称滤波和 CF 全样本长度非对称滤波。

BP 滤波方法相比 HP 滤波法有一定优越性，BP 滤波可以根据历史经验设定经济周期的长度。不过 BP 滤波有其自身的缺点，它不能估计出期初和期末的产出缺口，这样会损失样本两端的产出缺口估计值，对于样本通常有限的时间序列而言，是一个较大的损失（卢二坡，2011）。

事实上，BP 滤波和 HP 滤波对某一特定的样本期间的数据估计结果不一定相同。在实证研究中，有学者在处理数据时会同时考虑使用 HP 滤波和 BP 滤波两个方法，从中选取一个拟合误差较小的，或者更能辅助解决问题的方法，如高铁梅、王金明及陈飞（2009）、孙东升和梁仕莹（2010）。

2.2.2.3 **不可观测成分法**

不可观测成分模型能将实际产出分解成不可观测趋势成分和周期成分。其假设前提是一个可观测的变量由两个或两个以上不可观测成分构成。通过假设不可观测变量对可观测变量的影响，识别出不可观测的变量，需要制定不可观测变量随时间变化的潜在构成。

采用不可观测成分法构建模型，主要估计方法有极大似然估计法和贝叶斯估计法。然而，极大似然估计法容易产生参数不确定性问题；要求自回归参数（φ_1，φ_2）符合稳定性条件，但经常难以满足；在不可观测成分模型中，极大似然法不稳定，对初始值非常敏感。相对应的，贝叶斯估计可以同时估计参数、潜在产出或产出缺口，能在一定程度上缓解参数不确定性的问题；同时，建立在后验分布统计推断的基础上，不需要用到复杂的大样本渐进理论，并且对初始值并不敏感。将贝叶斯估计法与不可观测成分模型结合，能够得出很好的估计结果，很多基于不可观测成分法的研究都结合了贝叶斯估计法，如 Chen 和 Mills（2012）、Berger 和 Kempa（2011）、周晓艳、张杰及李鹏飞（2012）。

此外，不少学者认为，一个国家潜在经济增长依赖于本国经济和社会各方面的异质性特征，不同计量方法运用于经济分析时，充分考虑不同国家的异质性对研究方法造成的可能偏差是必须的。当一个国家的经济面临很大的不确定性时，会导致常用估算方法估算潜在 GDP 和产出缺口时产生严重偏差（Orphanides 和 Norden，

2002)。Planas，Rossi 和 Fiorentini（2008）认为，采用不可观测成分及贝叶斯估计法可以就前面提及的情况提供一个相对理想的测算方法。就中国潜在产出和产出缺口的估计问题，Clark（1987）提出不可观测成分模型是最为可靠的一种方法，郑挺国和王霞（2010）则证实了这一观点，认为不可观测成分法可以对中国经济周期阶段进行较好的划分，反映国家宏观经济运行的基本态势。

然而，不可观测成分法也存在一定的缺陷，例如估计结果对潜在产出和产出缺口如何建模的假设依赖很大。

此外，测算产出缺口的方法还有生产函数法，即估计先验假设的生产函数中的待估函数，如 CES 函数、C-D 生产函数；以及结构 VAR 模型，其核心思想是根据理论约束识别系统的主要冲击，将动态过程分解为持续过程和短暂过程（Claus，Conway 和 Scott，2000；Zheng，Hu 和 Bigsten，2009）。

2.2.3 自回归条件异方差类模型

由于在实际情况中，经济增长率并不恒定，使得经济波动会发生变化，样本标准差或样本方差并不能作为经济波动的合适度量，因此，需要考虑波动的时变性，自回归条件方差（ARCH）模型则可以度量时变波动。下面将对线性 ARCH（q）模型和线性 GARCH（p，q）模型进行介绍。涉及参数估计方法，ARCH 模型的参数估计主要有极大似然法（MLE）、矩估计法（MM）和遗传算法（GA）。

2.2.3.1 线性 ARCH（q）模型

自回归条件异方差（ARCH）模型，是由 Engle（1982）提出的用以描述英国通货膨胀率中存在的条件异方差。最早的 ARCH 模型是最简单的线性单变量方程，条件异方差被认为是外生变量、滞后的内生变量、时间、参数和前期残差的函数。假设扰动项 $\varepsilon \sim N(0, \sigma_t^2)$，并规定 ARCH（$q$）的条件方差 σ_t^2 是 q 期扰动滞后 $\{\sigma_{t-1}^2, \sigma_{t-2}^2, \cdots, \sigma_{t-p}^2\}$ 的线性函数，则有：

$$x_t = \mu_t + \varepsilon_t$$

$$\varepsilon_t = \mathrm{e}_t \sqrt{\sigma_t^2}$$

$$\sigma_t^2 = \alpha_0 + \sum_{i=1}^{p} \alpha_i \varepsilon_{t-i}^2 = \alpha_0 + \alpha(L)\varepsilon_t^2$$

其中，e_t 是服从标准正态分布的独立同分布扰动；$\alpha(L)$ 是滞后算子多项式。并且，提出非负约束：$\alpha_0>0$，$\alpha_i>0$，以保证条件方差 σ_t^2 依概率 1（with probability 1）为正；并要求多项式 $1-\alpha(L)$ 的根在单位圆外以保证 $\{x_t\}$ 的二阶平稳性。

作为对 ML 估计的替代，Mark（1988）提出 ARCH 模型可以用广义矩法来估计，并予以实施。Geweke（1989a，1989b）开发了 ARCH 模型中的贝叶斯推断程序，使用蒙特卡罗方法来确定精确的滞后分布。

在提出 ARCH 模型后，考虑到条件方差作为随时间改变的风险度量这一重要用途，Engle，Lilien 和 Robins（1987）提出 ARCH-M 模型，并考虑到时变方差是条件方差能够直接影响收益均值。此外，Zakoian（1994）提出的 TARCH 模型则考虑到方差与 ε_t 符号有关，Higgins 和 Bera（1992）提出的 NARCH 则是一种非线性 ARCH 模型。然而，这些模型都没有考虑到方差的自相关和长记忆问题。

2.2.3.2 线性 GARCH（p，q）模型

由于在许多具有线性 ARCH（q）模型的应用中，需要长的滞后长度 q，并且 ARCH 模型无法表达某些情形中自相关系数消退很慢这一信息（张世英和柯珂，2002）。而实际应用中对完全自由的滞后分布的估计常常导致对非负约束的破坏。针对 ARCH 模型存在的问题，很多学者对它进行进一步的改造和扩展，从而成为 GARCH（p，q）模型。Bollerslev（1986）将 GARCH（p，q）模型表示为：

$$\sigma_t^2 = \alpha_0 + \sum_{i=1}^{q} \alpha_i \varepsilon_{t-i}^2 + \sum_{i=1}^{p} \beta_i \sigma_{t-i}^2 = \alpha_0 + \alpha(L)\varepsilon_t^2 + \beta(L)\sigma_t^2$$

其中，无限阶 AR：$\sigma_t^2 = \varphi(L)\varepsilon_t^2 = [1 - \beta(L)]^{-1}\alpha(L)\varepsilon_t^2$ 必须是非负的，并假设 $\beta(\lambda) - 1$ 的根在单位圆之外（Drost 和 Nijman，1993）。此时，σ_t^2 可写作：

$$\begin{aligned}\sigma_t^2 &= \alpha_0[1 - \beta(1)]^{-1} + \alpha(L)[1 - \beta(1)]^{-1}\varepsilon_t^2 \\ &= \alpha_0(1 - \sum_{i=1}^{p} p_i)^{-1} + \sum_{i=1}^{\infty} \delta_i \varepsilon_{t-i}^2\end{aligned}$$

其中，δ_i 为 $\alpha(L)[1 - \beta(1)]^{-1}$ 展开式的系数，可写作：

$$\delta_i = \begin{cases} \alpha_i + \sum_{j=1}^{n} \beta_j \delta_{i-j}, & i = 1, L, q \\ \sum_{j=1}^{n} \beta_j \delta_{i-j}, & i = q + 1, L \end{cases}$$

其中，$n=\min\{p, i-1\}$。

此外，对于 GARCH（1，1）模型，为了确保 σ_t^2 非负，需要保证 α_1 和 β_1 是非负的。并且在这种情况下，GARCH（p，q）模型精确地对应于具有几何学上无穷阶次的线性 ARCH 模型，当且仅当 $\alpha(1)+\beta(1)<1$ 时，ε_t 是协方差平稳的。而在这种情况下，GARCH

(p, q) 模型精确地对应于具有几何衰减参数的无限阶线性 ARCH 模型。

虽然 GARCH 考虑了异方差本身的自回归，是对不确定性更加精确的度量，但应用 GARCH 类模型度量波动需要高频数据记忆较长的时间序列，不太适合用于通常时间序列较短的波动与增长关系的研究。而 ARCH 模型在形式上很容易过渡为 GARCH 模型，由于具体形式、模型估计、检验难度的不同，对于没有记忆性的序列而言，ARCH 模型更为简洁，精确程度也不一定低于 GARCH。并且，GARCH 模型并没有解决 ARCH 模型 σ_t^2 的取值取决于 ε_{t-i} 的大小而与符号无关的缺陷。而保证 α_1 和 β_1 非负，使得任一期 σ_t^2 的增加都会增加此后所有的 ${\sigma_{t+m}}^2(m \geqslant 1)$，因此排除了 σ_t^2 随机震荡的可能性并且增加了估计 GARCH 的难度（张世英和柯珂，2002）。

2.2.4 增长方程预测残差的标准差

Pritchett（2000）提出了三种波动率测量方法。第一个是基于对线性时间趋势的增长率回归的确定可决系数。可决系数越低，时间趋势的解释力越小，并且波动性水平越大。第二个测量方法是基于通过使简单线性趋势上的回归残差的平方和最小化而识别的信息年之前和之后的增长速度的差异。而第三个则是类似于 Servén（1999），Combes 和 Guillaumont（2002）以及 Chauvet 和 Guillaumont（2009）等学者提出的基于计算混合确定性和随机趋势下 GDP 的回归残差的标准差的测量方法，即为增长方程预测残差的标准差的经济波动测量方法。

这种测量方法首先需要建立一个经济增长的预测方程；其次，通过估计预测方程得到估计残差，即为波动的不可预测部分；最后，计算估计残差的条件标准差并以之为经济波动的度量。

Lensink et al.（1999）使用一个二阶自回归方程作为预测方程。这个回归方程是：

$$P_t = \alpha_1 + \alpha_2 T + \alpha_3 P_{t-1} + \alpha_4 P_{t-2} + \varepsilon_t$$

其中，P_t 为相关变量，T 为时间趋势项，$\alpha_i(i=1, 2, 3, 4)$ 为待估参数；ε_t 为白噪声残差项。整个模型设定是一个包括了常数项和趋势项的二阶 ADF 方程。类似的，Aizenman 和 Marion（1993）则通过构建一个一阶自回归方程利用预测残差的标准差的方法测量政策不确定性。

相比起来，增长方程预测残差的标准差方法对样本观察值的数目要求并不是很高。并且，只要变量存在马尔科夫特征就可以通过各种自回归过程进行预测，并使残差项为白噪声，使用的要求限制并不是很多。然而，这个方法也存在一些不足，例如其随机变量的无条件方差，即经济波动，在样本期内是不变的假设未必合理，并且对统一序列不同预测方程设定得到的残差可能使得经济波动的度量结果未必相同，此外，相对准确的波动度量是在样本期间内实际产出的增长趋势比较单一的条件下实现的，得到准确波动度量的条件相对严格。

2.2.5 经济增长的在险水平

经济增长的在险水平（GaR）度量了经济增长向下转变的可能

性或下降程度，具有经济风险形成和度量的单向性。假设某一时点上的经济增长速度为随机变量 g_t，其概率分布密度函数为 $f(g_t)$，在给定置信水平 α 下，寻求 g^* 使得：

$$P(g \geqslant g^*) = \int_{g^*}^{+\infty} f(g)\mathrm{d}g = \alpha$$

以使寻求可能出现的最低经济增长水平。以此寻求得的 g^* 会使得经济增长速度低于其概率（$1-\alpha$），即

$$P(g < g^*) = 1 - \int_{g^*}^{+\infty} f(g)\mathrm{d}g = 1 - \alpha$$

这样，g^* 实际上是增长率分布的上侧 α 分位数，是给定置信水平（$1-\alpha$）下的最低经济增长率。如果指定时间区域的长度，然后保持时间区域长度进行按时间顺序的移动，那么这些移动的时间区域为时窗，时间区域的长度为窗宽。给定时间序列的时长，则可以求出时窗内的平均增长速度，即随机变量 g^* 的数学期望 $\mathrm{E}(g)$。这样，在给定置信水平（$1-\alpha$）下的经济增长风险，即同最低增长水平之间的偏离，可以度量经济增长的在险水平。这时，固定时长内经济增长的在险水平为：

$$GaR = \mathrm{E}(g) - g^*$$

可见，GaR 表示平均增长率和最低增长率之间的差距，即一定置信水平下可能出现经济增长速度的损失，用来描述任何时间跨度中可能出现的经济增长和损失，即同预期增长率之间的偏差，以经济增长率的可能降低表示经济增长的风险性。无论经济处于经济周期的扩张还是收缩阶段，这种偏差均可被视为经济波动。此外，由于 GaR 的定义依赖于置信水平的高低，因此置信水平代表着 GaR 描

述的衰退出现的频率。

2.2.6 对政策不确定性的度量

政策不确定性是一个相对较新的概念，学者们正尝试从不同角度对其进行定义。根据 Pástor 和 Veronesi（2012）和 Pástor 和 Veronesi（2013）的定义，政策不确定性包含政治不确定性（political uncertain）和影响不确定性（impact uncertain），其分别为：政府将采取何种政策调整行为的不确定性，以及政府当前或未来政策调整对微观经济主体产生何种影响的不确定性。政策不确定性对宏观经济的最终影响依赖于政治不确定性和影响不确定性对宏观经济的综合作用效果。

政策不确定性作为经济不确定性的重要体现，有关政策不确定的研究一直是一个研究重点，对政策不确定的测量，不同的学者采用了不同的方法。

Dani Rodrik（1991）将政策不确定性以可被逆转优化的概率 π 的形式表示，用以衡量政策逆转的可能性。概率 π 将影响政策引起的失真值 t 的取值。

Aizenman 和 Marion（1993）则利用预测残差的标准差的方法测量政策不确定性。鉴于政策不确定性是由一些意料之外的因素组成的，他们通过一个一阶自回归过程计算政策不确定性：

$$policy_t = \beta_0 + \beta_1 policy_{t-1} + \varepsilon_t$$

政策不确定性则由残差的标准差表示。在研究过程中，政策的相关数据来自国际货币基金组织（IMF）的国际金融统计类别、世界银行关于公共和私人投资的份额以及 Summers-Heston 的项目。

类似的，Feng（2002）将政府能力的变化用来反映政策不确定性，将政策不确定性通过相对政治提取的标准差反映。而 Organski 和 Kugler（1977）指出，政治能力包括三个关联因素：政府权力渗透到国家社会的程度、政府系统从国家社会提取资源的能力以及政府将资源用于其预期目标方面的表现。而第二个因素即为相对政治提取（relative political extraction，RPE）。因为 RPE 对于衡量政治能力来说是关键的，所以会以 RPE 的标准差来衡量政府能力的波动，即政策不确定性。

Fernández-Villaverde，Guerrón-Quintana，Kuester 和 Rubio-Ramírez（2015）在研究财政政策不确定性时，则采用了政府支出占产出份额、劳动收入税、资本收入以及个人消费支出这四个变量模拟财政政策的变化。可见，政策不确定性的测量在不同的研究中是有所不同的，没有一个统一的测量方法，但关于政策不确定性的量化则一直是相关研究的一个难点。

为解决这一问题，Baker，Bloom 和 Davis（2016）构建了 1985 年以来美国等 11 个国家的经济政策不确定性指数（economic policy uncertainty，即 EPU），这 11 个国家中，包括了所有 G10 经济体。为制订 EPU 指数，首先，需要获得每月包含关于经济（E）、政策（P）和不确定性（U）三个条款的文章。附加标准涉及一个或多个类别相关术语的存在："美联储"、货币政策类别的"中央银行"、"利率"、"通货膨胀"等。这些文章包含税率、政府支出、货币政策、政府变迁等内容。然后，他们缩放原始计数，标准化每个报纸的变化，平均每个国家的文件在一个月归一化。他们还在相关语言的国家咨询了具有母语水平和经济学专业知识的人员。为了建立美国的EPU指数，他们利用十大美国报纸并从1985年1月起搜索每份文件的数字档案，以获得包含以下关键字的每月文章："经济""不确定性"，以及"大会""赤字""美联储""立法""监管"或"白宫"中的一个或多个。然后，他们扩展了以报纸为基础的方法，从三个维度测量政策不确定性：时间、国家和具体的政策类别。他们依靠的档案为20个世纪发表的6种美国主要报纸。对于其他国家，他们用报纸的母语进行所有检索，在印度有7种报纸，在加拿大和韩国分别有6种报纸，在法国、德国、意大利、日本、西班牙和英国各有两种报纸，中国和俄罗斯各一种。由于语言的差异，其他国家的EPU指数是在咨询各国相关经济学者的前提下并基于各国语言习惯构建出的。与美国EPU类似的是，EPU指数在军事冲突、经济危机、重大政治事件时与之前相比更高，可见，对于政治不同及媒体自由度不同的国家，EPU的构建方法仍是可行的。

在统计报纸内容以确定EPU时，若审计员将文章编码为EPU=1，同时还记录了关于经济政策不确定性的段落中包含的政策术语。利用这些记录，Baker et al.（2016）确定了15个在1985—2012年期间报纸讨论中经常出现的EPU术语："监管""预算""支出""政策""赤字""税""联邦储备""战争""白宫""代表院""政府""国会""参议院""总统"和"立法"。然后，他们考虑了这些政治术语中的四个或更多的大约32 000个术语排列。对每个排列，他们为样本中的每篇文章生成 EPU^c 等于 0 或 1 的计算机分配。通过比较这些计算机分配与人类编码，会获得一组假阳性指数（$EPU^c=0$，$EPU^H=1$）和假阴性指数（$EPU^c=1$，$EPU^H=0$）。他们选择使总误差率最小的 P 项集，即假阳性误差率和假阴性误差率的总和最小的集。这个过程产生了对 EPU 指数设置的基准政策术语："规则""赤字""联邦储备""白宫""大会"。而将经过严格的程序设计的人工方法所得到的 EPU 指数与电脑自动获得的 EPU 指数进行对比，差距并不大。

在这之后，很多关于政策不确定性的研究在涉及政策不确定性的量化研究时便可以直接引用 Baker 等（2016）构建的 EPU 指数，如 Gulen 和 Ion（2015）、Brogaard 和 Detzel（2015）、黄宁和郭平（2015）以及田磊和林建浩（2016）。

2.3 短期波动与经济增长的理论研究综述

2.3.1 新凯恩斯理论和实际经济周期理论

20 世纪 70 年代，基于对凯恩斯理论没有微观基础、无法解释 70 年代的滞涨以及卢卡斯的批判等因素的出现，新凯恩斯主义经济学开始形成，新凯恩斯学派于 20 世纪 70 年代诞生。新凯恩斯学派将理性预期、动态优化等方法引入，建立了价格与工资黏性的微观理论基础。然而，新凯恩斯理论建立在价格调整存在时滞以及市场不完全竞争的基础上，主要关注货币的作用和如何消除经济波动，并不适合进行短期波动与增长率之间关系的研究。

同样基于20世纪70年代的特殊经济背景，Kydland和Prescott（1982）以及Long Jr和Plosser（1983）将经济周期理论和经济增长理论结合，开创了实际经济周期理论，在80年代末90年代初成为主流的经济学分析框架。真实经济周期模型（后称RBC）是运用动态一般均衡方法，通过分析代表性微观主体的效用和生产等行为函数而建立的一种更具有微观基础的宏观经济周期模型。在标准的RBC分析框架中，通常假设市场处于连续出清状态且作用微小，价格调整迅速。此外，RBC分析框架还假设经济周期性波动主要受影响全要素生产率的冲击驱动，而受需求偏好的波动或财政变量的波动较小。在实证上，RBC模型能够在大体上解释经济波动的传导机制，能把微小的技术冲击变成持续性高、强度较大的经济波动。使用RBC模型模拟出的产出、消费、投资以及就业等关键宏观经济变量的时间序列波动特征与实际数据大致相符。

然而，有学者认为，实质上RBC是一个没有货币冲击只有技术冲击的商业周期均衡模型，来自于对技术冲击随机过程的假设。认为波动是外生的，具有弱的内部传递机制，与微观主体的行为关系不大，经济含义并不丰富。此外，RBC模型中的传导机制方向并不明确，只是假定技术冲击是处在波动的源头，其他变量随之波动。但事实上波动是同时的，也可以说产出的波动导致了其他变量的波动（Basu，1995；Cogley和Nason，1995）。

King，Plosser和Rebelo（1988a，1988b）则扩展了RBC模型，把波动与经济增长结合起来，建立了波动与增长统一的理论框架

（KPR）模型，认为经济发展的长期和短期决定因素中既有总供给也有总需求。KPR 模型基于动态一般均衡原理，建立在市场出清、个人效用最大化的基础上，并且包含了经济主体的预期作用。它将短期波动和经济增长结合，为同时研究两者提供了统一的理论框架。然而，KPR 模型的增长率依然是外生的，经济增长率对波动影响的说明能力依然有限，同样不能解释短期波动对经济增长的影响。而现代内生增长理论则可以从理论上解释波动与经济增长之间的相互关系。

2.3.2 内生增长理论

与实际经济周期理论不同的是，内生增长理论把知识积累、人力资本积累、劳动分工、技术进步等视为一国国民财富增长的源动力，认为市场容量的大小决定着分工水平（Smith，1776）。此外，内生增长理论还把技术进步内生化，提出多种技术进步的内在机制。

在新古典经济学家的研究中，内部因素对经济增长的影响是被强调的。例如，Joseph A. Schumpeter（1934）指出，经济增长是由生产要素和生产条件这两个内生因素实现“新组合”引起的，而这意味着旧的生产方法因过时而不再被使用，即“创造性破坏”的过程。他认为经济增长不是由外生因素引起的。[①] 此外，Schumpeter 还特别强调了在经济增长过程中追求利润最大化的企业家对创新的推动作用。

---

① Joseph A Schumpeter（1934）认为“新组合”，即引进新产品、引用新技术、开辟新市场、控制原材料的新供应来源以及实现企业的新组织。

而在 Harrod（1939）和 Domar（1946）建立的 Harrod-Domar 模型中，一国经济增长水平是由储蓄率和产出比率决定的，用公式表示为：

$$q = W_s P_k$$

其中，W_s 为储蓄率与产出的比率，P_k 为资本生产率，储蓄率决定了全社会投资水平，产出比率则反映了资本的生产效率。① 然而，Harrod（1939）在推导模型时限定利息率为常数，间接地假定了资本和劳动在生产过程中是不可替代的。但事实上，在生产过程中资本和劳动是不可替代的情况只会在短期中出现，在长期中，两者往往可以相互替代。

在这之后，Swan（1956）和 Solow（1956）修正了 Harrod-Domar 模型中的假设，假设生产要素间是可以充分替代的，建立了 Solow-Swan 模型，即新古典经济增长模型（一个凸性模型）。Solow-Swan 模型考虑产出（Y）、资本（K）、劳动力（L）以及技术进步（A），即为：

$$Y(t) = f[K(t), A(t)L(t)]$$

其中，t 为时间量。在新古典经济增长模型中，考虑的是单部门经济，并假定经济是封闭的。此外，在 Solow-Swan 模型中，投入要素的边际收益是大于零且递减的，如果不考虑技术进步，那么长期经济增长率将趋于零。如果考虑技术进步，则可以增加投入要素的

① Harrod-Domar 模型假设投资等于储蓄，并且 P_k 为常数，即资本生产率增长率为 0，广义的 Harrod-Domar 模型可以表述为 $q = p_k + \eta W_s P_k$，P_k 为资本生产率增长率，η 为净投资储蓄比。

收益。由于模型中决定经济增长的因素是有限的，所以在 Solow-Swan 模型中，长期经济增长是由外生的技术进步带来的。与 Solow-Swan 模型不同的是，Kaldor（1957）假设储蓄率是可变的，并把储蓄分为工资储蓄和利润储蓄，使得社会总储蓄率是一个取决于工资储蓄和利润储蓄的变量，但依然存在着用短期分析工具来研究经济增长问题的局限。更进一步的，为了说明资本的边际收益不趋向于零，Rebelo（1991）以及 Barro（2001）基于 Knight（1944）提出包含人力资本的广义资本的边际收益可能不递减的观点，在研究长期经济增长问题时拓展了资本的概念，假设资本包括物质资本和人力资本。

Arrow（1962）则认为技术进步是资本积累的副产品，厂商可以通过生产经验的累积提高生产率，因而提出“干中学”模型，将技术进步内生化。然而，这也不能完全解决将技术进步内生化的问题，全社会技术进步率最终取决于外生的人口增长率。Paul M. Romer（1986）用技术进步外部性或知识的溢出效应解释了经济增长的研究思路，从而内生化技术进步，建立 Arrow-Romer 模型（知识溢出模型）。由于知识存在溢出效应，社会均衡的增长率会高于竞争均衡增长率，政府需要通过政策解决外部性问题以达到社会最优增长率。之后，Paul M. Romer（1990）则在动态均衡的框架下，将创新、研发与内生经济增长联系起来，提出内生研发和创新推动经济增长的作用机制。Barro（1990）则认为政府的生产性支出活动对私人厂商来说具有外部性，因此政府是推动经济增长的决定力量，在其建立的模型中，引入政府确定的税率以表示政府在经济增长中的作用。

与单部门模型不同的是，Uzawa（1965）建立了一个包括物质生产部门和人力资本生产部门的两部门经济增长模型以解决技术进步内生化的问题。假设人力资本的生产函数是线性的（即人力资本不是递减的），在物质生产部门要素边际收益递减的情况下，依然保证经济的持续增长。但在Uzawa模型中，经济持续增长的条件依然是外生的人口或劳动率的自然增长率大于零。在此基础上，Lucas（1988）则利用外部性来解释经济增长，强调了人力资本外部性对经济增长的重要性。

基于前面所述的内生增长理论的研究，可以构建短期波动影响经济增长的理论模型以及经济增长影响短期波动的理论模型。这些模型将在后面提及。

2.3.3 熊彼特经济增长理论

熊彼特增长理论是由熊彼特提出，并在Paul M. Romer（1990）等学者在动态一般均衡框架下将创新、研发与内生经济增长联系起来的基础上发展的经济增长理论。Joseph A. Schumpeter（1934）认为经济增长是通过内生的新产品、新方法来实现的，并认为内生新产品、新方法推动经济增长。这个理论主要包含以下要点：①企业追逐垄断利润的动机将促使其创新，从而获得新产品的生产方法或者新技术；②创新的过程是一个创造性毁灭（creative destruction）的过程，企业创新一旦成功，该领域其他企业就会被排挤出市场，创新企业从而获得垄断利润，当然，这是暂时的；③创造性毁灭是推动资本主义发展的动力。其核心特征是，内生的研发和创新是推动技术进步和经济增长的决定性因素。将研发和创新作为内生因素，是因为研发投入量以及创新速度是由经济参与者的最优化行为决定的。

早期熊彼特增长模型假定经济中有一个研发部门，经济参与者的最优化行为决定了经济增长率，政府政策可以影响经济增长。在这一阶段，具有代表性的研究者有 Paul M. Romer（1990）、Aghion 和 Howitt（1992）。以 Paul M. Romer（1990）提出的模型为例，以 $\dot{A}$ 表示新生产的知识、A 表示经济中的知识存量、L_A 表示研发部门的劳动力数量，（$\delta>0$）表示知识生产效率，那么知识累积方程可表示为：

$$\dot{A}=\delta A L_A$$

总量生产函数为：

$$Y=(AL_Y)^{\alpha}K^{1-\alpha}$$

其中，Y 为总产出，K 为物质资本存量，L_Y 为用于生产最终物品的劳动力数量。当物质资本增长率等于总产出增长率时，经济处于平衡增长阶段。若将人均经济增长率等同于经济增长率，那么当经济平衡增长时，经济增长率等于知识累积的速度。若以 γ 表示经济增长率，γ_A 表示知识累积速度，L 表示总劳动力数量（$L=L_A+L_Y$），s 表示用于研发部门的劳动力占比（$s=L_A/L$），当经济处于平衡增长时，有：

$$\gamma=\gamma_A=\delta L_A=\delta sL$$

这类模型的特点为：①知识生产过程中存在很强的溢出效应，并假设知识存量指数为 1；②劳动力为常数，没有人口增长；③经济中存在规模效应，因为总劳动力数量 L 越多，经济增长率越高。[①] 然而，在现实经济中，新增长理论强调的知识（资本）累积方程中知识（资本）存量对应的指数为 1 这一强假设（knife-edge condition）却很难达到（Solow，1994；Temple，2003）。

对此，现有文献的主要解决方法有两个：一是假定知识生产面临递减的技术机会，也被称为半内生熊彼特增长理论；二是假定经济中包含水平创新和垂直创新两类研发部门，经济规模越大，每个部门的研发投入保持不变，水平创新部门的个数会同比例增加，也被称为完全内生熊彼特增长理论。

其中，半内生熊彼特增长理论的核心思想为：知识生产过程中，技术机会是递减的（diminishing technology opportunity），即随着知识存量的增加，知识存量的边际生产率越来越低。而在经济处于平衡增长时，劳动力中用于研发部门的比例为常数，因此人口增长率必须为正，其原因是人力资本的积累。其代表性研究有 C. I. Jones（1995）、Kortum（1997）、Segerstrom（1998）等。

例如，以 L_A 表示研发部门劳动力数量，$0<\lambda<1$ 表示由于不同企业为同一知识投入而导致的研发重复投入的重复效应，φ 表示知识的溢出效应（$\varphi>0$，表示正的溢出效应，企业的知识对经济具有正外部性；反之则表示负的溢出效应，企业的知识对经济有负外部性）并一般假定 $\varphi<1$。C. I. Jones（1995）给出知识累积方程：

---

① 根据新增长理论强调的知识（资本）累积方程，知识存量指数大于 1 时，经济增长率将趋于无穷大；而当知识存量小于 1 时，经济增长率将趋近于零，因此，必须将知识存量指数假设为 1。

$$A = \delta L_A^{\lambda} A^{\varphi}$$

如果假设人口增长率 $n>0$，那么当经济增长率处于平衡增长时，经济增长率将取决于外生的人口增长率、重复效应参数以及知识溢出效应参数。经济增长率则可表示为：

$$\gamma = \frac{\lambda n}{1 - \varphi}$$

然而，经济增长率与人口增长率呈正相关未必与现实经济相符。并且经济增长仅取决于一些外生参数，政府政策不能影响经济增长也与现实不符，政策不确定性也会影响经济增长，这在前面章节已有提及。为解决这些问题，有学者选择内生化人力资本积累。

除了可用于解决早期熊彼特增长理论模型缺陷，完全内生熊彼特增长模型也被用于解决半内生熊彼特增长模型的缺陷。代表性人物有：Young（1998）、Peretto（1998）和 Howitt（1999）。他们的核心思想是随着经济规模的增加，水平创新部门的个数会同比例增加，这使得每个部门的研发投入保持不变。完全熊彼特增长模型具有如下特点：①经济中包括水平创新和垂直创新两类研发部门；②垂直创新部门存在溢出效应而水平创新部门没有溢出效应；③经济增长率取决于水平创新与垂直创新的速度，其中，水平创新速度等于人口增长率；④经济中没有规模效应，政府政策可以通过影响总产出或劳动力中用于垂直创新部门的比例进而影响经济增长。

Li（2000）提出如下完全内生熊彼特经济增长模型：

$$g_k = f(g_N, g_Q)$$

其中，g_k 是变量 k 的增长率。N 表示创新的数量（水平创新部门)；Q 表示创新的质量（垂直创新部门)。若 g_N 和 g_Q 都受人口增长影响，则为半内生熊彼特增长模型。由于 N 和 Q 可分别被表示为：

$$\dot{N} = \frac{R^v Q^{\delta^v} N^{\varphi^v}}{Q}$$

$$\dot{Q} = \frac{R^q Q^{\delta^q} N^{\varphi^q}}{Q}$$

其中，R^v 表示水平创新部门的劳动力，Rq 表示垂直创新部门（quality R&D）的劳动力。Q^{δ^v} 和 Q^{δ^q} 表示垂直创新部门的知识溢出效应，δ^v 和 δ^q 表示垂直部门对应指数；N^{φ^v} 和 N^{φ^q} 表示水平创新的知识溢出效应，φ^v 和 φ^q 表示水平部门对应指数。则 g_N 和 g_Q 可被表示为：

$$g_N = \frac{R^v}{N^{1-\varphi^v} Q^{1-\varphi^v}}$$

$$g_Q = \frac{R^q}{N^{1-\varphi^q} Q^{1-\varphi^q}}$$

然而，经济符合完全内生熊彼特增长模型需要满足一些强假设：当且仅当水平创新部门没有溢出效应，且垂直创新部门对应指数为 1 时，才满足完全内生熊彼特增长模型的特点，否则仍是一个半内生熊彼特增长经济。在此基础上，Li（2000）研究了一个包含 K（$K>2$）个研发部门的熊彼特增长模型，发现模型中研发部门越多，越需要更多强假设才能使其符合完全内生经济增长的定义。因此，在现实情况中，经济符合半内生熊彼特增长模型的可能性更大。

2.3.4 短期波动影响长期增长的理论机制

经济的波动来自于不确定性，早期研究短期波动对长期增长影响的文献可以追溯到 Phelps（1962）、Levhari 和 Srinivasan（1969）。随后，King 等（1988a，1988b）、Stadler（1990）在内生增长理论框架内对短期波动影响长期增长的机制做出了解释。主要观点是：经济波动通过影响资源供给冲击、技术冲击、人力资本以及知识积累等因素进而影响长期增长。在短期波动影响长期增长的理论机制方面，现有文献大体上以下有三种范式。

2.3.4.1 AK 范式

第一种范式遵循内生增长模型中的 AK 形式。其代表人物有：Stadler（1990）；Larry E. Jones，Manuelli 和 Siu（2005）；Larry E. Jones，Manuelli，Siu 和 Stacchetti（2005）。这一思路遵循 Paul M. Romer（1986）将生产率冲击引入 AK 模型的方法。如果把效用函数设定为凸函数，那么短期波动幅度的变动会导致长期的平均增长率相应发生变动。如果家庭的跨期替代弹性较大，那么波动幅度增加会使得平均增长率下降。而如果家庭的跨期替代弹性较小，那么波动幅度增加会使得平均增长率提高。经济波动对长期增长的负向效应主要体现在延迟效应和信贷约束效应两个方面。经济波动产生的不确定性会影响企业的投资，进而影响长期增长。另外，短期波动也会影响企业对技术进步方面的决策，从而影响长期增长。由于短期波动的存在，使得企业的投资和技术进步都产生了延迟效应。短期波动可能使得企业延迟对技术创新方面的投资，而且短期波动会使得新知识的传播和扩散发生延迟，从而降低经济增长率。另外，经济波动会通过信贷机制来影响长期增长。Bernanke，Gertler 和 Gilchrist（1996）认为存在金融加速器，它使得金融和信贷的微小冲击会给整体经济带来巨大影响，这种波动带来的冲击会造成金融危机和经济的长期衰退。

2.3.4.2 熊彼特范式

第二种范式被称为熊彼特范式，强调短期的资本投资和长期的促进生产率的投资之间的差异。Joseph Alois Schumpeter（1939）认为经济周期，特别是衰退提供了一种清洁机制，可以减少组织的无效和自由配置失误，从而促进长期经济增长率的提高。Caballero 和 Hammour（1994）从需求角度考察经济波动，对这种清洁机制进行了进一步阐释，指出在经济周期的衰退期，市场的清洁机制会使得效率较差的公司退出市场，这样经济总体的平均增长率会提高，从而促进长期增长。衰退对长期的经济增长产生正效应的第二个原因是机会成本或跨期替代效应。一般来说，企业组织重建和培训等活动有助于提高生产率，但进行这些活动会占用大量资源，必然要牺牲一些当前的生产性活动。萧条期对产品的需求较低，此时重建的机会成本会低于扩张期的重建机会成本（Aghion 和 Saint-Paul，1998；Hall，1991）。Barlevy（2007）用研发套利的思想来说明短期波动对长期增长的影响，认为企业的研发（R&D）支出往往是顺周期的，这种顺周期的冲击会对产出产生持续影响，不利于长期增长。另外，还有很多文献进一步论证了经济波动对长期增长的正向效应的内在机制，如“惩戒效应”（punishment effect）（Nickell，Wadhwani 和 Wall，1992）。所谓惩戒效应，指的是经济发生周期性萧条使得那些难以承担必要的重组投资的企业更加容易破产。Aghion，Angeletos，Banerjee 和 Manova（2010）在熊彼特范式的基础上引入了信用约束来说明短期波动对长期增长的影响。根据这个模型，在没有信用约束时，促进长期增长的投资倾向于逆周期，在衰退期促进长期增长的投资的机会成本较低，从而短期的衰退具有促进长期增长的效果。

2.3.4.3 随机增长模型

第三种范式是随机增长模型，其基本思想是：每一种新的活动都涉及一项固定成本，欠发达国家风险发散的能力较低，因此在波动性提高的情况下企业倾向于更多地投资于较安全的技术，不利于提高产出的增长率；而发达国家风险发散的能力较强，因此短期波动会有利于长期增长（Acemoglu 和 Zilibotti，1997）。

2.4 短期波动与经济增长的实证研究综述

近年来，越来越多的文献通过实证研究，开始揭示波动与经济增长之间的关系。这些文献主要集中在对波动与经济增长间正负效应的研究、波动对不同国情的国家经济增长的影响以及不同波动形式对经济增长的影响。对于不同波动形式对经济增长的影响研究中，更多的文献研究石油价格波动以及政策不确定性波动。其中，政策不确定性是引起波动的因素之一，由于对其与经济增长关系的研究在近几年由 Baker 等（2016）在经济政策不确定性指数的测量方面取得了巨大的成果，因此有关政策不确定性对经济增长影响的文献也越来越多，后面将被重点提到。

2.4.1 短期波动与经济增长的国别研究

2.4.1.1 国际研究

关于短期波动与经济增长的国别研究，大致可以描述为通过一定的方法测量一国的经济波动，衡量一国的经济情况，建立计量模型进行分析。在具体研究中，研究者可能会就某个国家某一时期的短期波动与经济增长进行分析，使用的数据可能是国家数据，也可能是跨洲/跨地区数据；也有学者会对不同经济发展状况的国家进行研究，分析短期波动对发达国家、发展中国家以及落后国家经济增长的影响；此外，也有学者直接使用多个国别数据，并不对国家进行分类，试图找到一个普遍规律。

关于普遍规律的探寻，在国别研究中，Kormendi 和 Meguire（1985）可能提供了最早的研究文献。这篇文献对 47 个国家 1950—1977 年的样本数据进行分析，主要做法是将在样本期间的平均增长率作为因变量，将包括增长率的标准差以及政策变量（如升值率和货币供应量）的标准差作为控制变量。研究发现，短期波动与经济增长存在正相关关系（如货币冲击并不利于经济增长），并证明了模型中的控制变量是通过影响投资和资本回报率来影响经济增长的。而 Grier 和 Tullock（1989）则使用 113 个国家 1951—1980 年的面板数据，获得相同的结果。Koteski 等（2013）也证实了这一结论。

Ramey 和 Ramey（1995）则得出与之相反的结论。他们建立了如下模型：

$$\gamma_{it} = \beta X_{it} + \lambda\sigma_i + u_{it}$$

其中，X_{it} 是影响经济增长率的变量向量集合，并且

$$u_{it} = \sigma_i \varepsilon_{it},\ \varepsilon \sim N(0,\ 1)$$

Ramey 和 Ramey（1995）使用了两组数据来分析短期波动与经济增长的关系：一个是仅包括 25 个 OECD 国家 1952—1988 年数据的样本；另一个是包括 92 个国家（其中包括了不发达国家）1962—1985 年数据的样本。通过人均年度增长率的标准差来衡量波动并对数据进行回归分析，发现 92 国样本现实为两者呈显著的负相关关系，而 OECD 国家样本则呈不显著的正相关关系。可见，由于选择的样本不同，得出的短期波动与经济增长关系的结论会有所不同。

Fatás（2011）使用与 Ramey 和 Ramey（1995）相同数据集①中 100 多个国家的样本，用两种方法计算波动的持久性程度：一是估计 GDP 的一阶自回归过程，通过转化与 AR（1）相关的滞后多项式估计波动的持续性；二是用 Cochrane 方差率代替，并通过对包含 98 个国家的总样本和 OECD 国家的受限模型中年度波动持续程度与产出长期增长率进行计量分析，得出波动与经济增长负相关的结论。Barlevy（2004）则重新估计了 Ramey 和 Ramey（1995）模型的变化，将投资产出比的对数的标准差 $\sigma_{\ln(I/Y)}$ 作为解释变量之一，并假设其可以捕捉投资函数的非线性。对于完整的 92 国样本，$\sigma_{\ln(I/Y)}$ 的系数为负且显著，波动与经济增长也呈显著负相关关系；而对于 OECD 国家，变量 $\sigma_{\ln(I/Y)}$ 对经济增长的影响并不大。

① Summers-Heston 数据集。

Martin 和 Ann Rogers（2000）用国家和地区的横截面数据，研究了增长率的标准差与其平均值之间的关系。他们研究了两个样本：欧洲地区和工业化国家 1960—1988 年的数据；并在这两种情况下，以估计指数趋势方法对增长率定义，发现波动与增长之间呈负相关。然而，当他们考虑发展中国家的样本时，点估计是正相关的，但通常是不显著的。使用不同的样本，Siegler（2005）使用面板数据方法对 1870—1929 年的 12 个当时是发展中国家的样本进行分析，发现波动和增长是负相关的。不同于绝大多数用内生增长率的标准差来表示波动的研究，Mendoza（1997）用一个国家贸易条件的标准差来表示波动，通过对样本中 40 个发达国家和发展中国家 1971—1991 年数据的分析，发现波动和增长之间并没有显著的关联。通过对比，可以总结得出：在上述研究中，对样本时间段、选择范围以及增长率、波动测量方法、控制变量选择上的不同，都会导致估计的实质性差异。

而在最近的文献中，Beaumont，Norrbin 和 Yigit（2008）使用 20 个 OECD 国家的工业产出数据，通过 GARCH-M 模型估计波动，发现经济波动对经济增长具有显著正效应的情况只在葡萄牙和意大利两国出现。而 Badinger（2010）研究了产出波动与经济增长的关系，通过对 1960—2003 年 128 个国家的横截面数据进行分析，发现产出波动与经济增长负相关，并发现，尤其对发展中国家而言，减少波动是改善经济业绩的适当手段。相对的，更多学者开始考虑不同结构特征的国家的经济波动对经济增长的影响。例如，Aghion 等（2010）通过使用多个不同的跨年度数据样本，即 72 个国家 1960—

1990年的数据、65个国家1960—2000年的数据以及14个OECD国家1973—1999年的数据，发现在金融发展水平较低的国家，波动对增长有更强的负面效应。Kose，Prasad和Terrones（2006）则在全球化背景下重新审视Ramey和Ramey（1995）提出的产出波动与增长是负相关的结论。通过进一步研究，他们认为贸易和金融一体化显著削弱了波动与经济增长间的负面关系。此外，他们还发现在对增长与波动率以及其他控制变量的回归中，当贸易和金融开放超过一定水平时，波动率和贸易一体化之间的相互作用的估计系数是显著的正值，金融一体化与波动性之间也有类似但不显著的关系。这有助于解释在发展中国家经济波动和经济增长的关系为负而在工业化国家这一关系为正的现象。

此外，还有学者从民主、收入、多元化以及贸易条件等角度考虑波动对一国经济增长的影响。Mobarak（2005）发现波动与经济增长之间呈负效应，但更高水平的民主、收入和多元化国家波动相对更小。Jawaid和Waheed（2011）用2004—2008年五年平均年度数据，研究94个发达国家和发展中国家样本的贸易条件及其波动对经济增长的影响。跨国普通最小二乘估计结果表明贸易对经济增长有显著的正效应。并且，贸易条件的波动对经济增长有显著的积极影响。

需要指出的是，当前的经验研究大多是从横向国家层面进行的统计分析，对国家间的差异性重视并不够，因此较少有文章会将国家划分类别（如按收入划分）展开讨论。很多文章的研究重点依然停留在短期波动与经济增长的关系上，以得出正负相关关系，较少讨论两者之间相互影响机制以及影响程度。而在各因素关联越来越紧密的系统化时代，研究社会经济系统的短期波动如何改变经济增长的长期趋势是具有应用价值的。

2.4.1.2 对中国的研究

在对中国的研究中，胡鞍钢（1995）最早使用计量方法检验经济波动与经济增长关系，他计算了我国1952—1990年期间各个五年计划的国民收入增长率和经济波动数据，通过回归得出经济波动对经济增长有显著的负面效应。李永友（2006）基于GARCH-M和TGARCH-M模型，用中国1953—2004年的年度数据，发现经济波动对经济增长存在“减损”效应。陈昆亭、周炎和龚六堂（2012）发现，1978年以前，中国的短期波动与经济增长呈负相关关系，而在1978年以后呈正相关关系，并建立一个基于人力资本形成机制的随机增长模型来解释该现象。徐伟（2013）则基于GARCH-M模型，用中国1953—2011年的人均GDP增长率，发现波动与经济增长之间存在负向关系。杜两省、齐鹰飞和陈太明（2011）利用中国1953—2004年的省级数据构造了6个横截面数据模型和10个面板数据模型，对中华人民共和国成立至今波动与增长关系的稳健性进行检验，发现波动与增长之间存在非常稳健的显著负相关关系。

在实证研究方面，虽然多数以中国为研究对象的文献支持了Ramey和Ramey（1995）的结论，即波动会对经济增长带来负面效应，如周达军（2007）、卢二坡和曾五一（2008）。但也有一些研究表明波动与经济增长间存在正面效应。刘金全和张鹤（2003）用中国1990年1月至2002年3月的GDP数据（GDP数据进行了季度数据的月度分解），采用绝对离差和条件标准差以及用在险增长水平等方法计算波动，利用冲击函数度量经济增长水平对于经济增长风险的动态反映，发现经济波动对经济增长率有正面效应。而卢二坡和王泽填（2007）发现两者关系存在正负两种可能。他们用1953—2004年中国27个省级地区经济波动和增长的面板数据，使用静态固定效应模型、期间波动数据和动态异质面板数据及年度波动数据两种数据形式和计量方法，发现在20世纪90年代以前，中国各地区短期波动对长期增长具有相同的负面效应，而在20世纪90年代以后，各地区短期波动对长期增长的效应存在异质性，即部分地区效应为正，部分地区为负。池建宇和赵家章（2015）则用中国30个省、自治区和直辖市1978—2012年的数据，建立双向固定效应模型验证两者关系，同样发现中国各省份的短期波动对长期增长既有正向影响，也有负向影响。在此基础上，谢继文和池建宇（2015）基于1980—2013年中国30个省级地区的经济波动和增长的面板数据，以资本形成、财政政策以及货币政策的变动为波动因素，建立面板向量自回归模型并通过脉冲响应函数和方差分解具体分析每个变量波动对经济增长稳定性的影响，研究发现：资本形成和经济政策波动对经济增长有重要的影响，在短期是正向的，长期则呈随时间推移而减弱的负向影响。陈昆亭等（2012）则发现：1978年以前，波动性对平均增长呈负相关的特征在多数省份出现，而在1978年以后两者关系主要表现为负相关。结合内生随机增长模型以及中国国情，陈昆亭等认为这与教育投入有关：教育投入较高，波动对经济增长有正效应；教育投入低，波动对经济增长有负效应。邵军和徐康宁

(2011)、方福前和邢炜（2016）认为我国经济短期波动与长期趋势之间存在正相关关系。但卢二坡和曾五一（2008）、周达军（2007）的研究却表明，短期波动对增长存在显著的负向影响。皮俊、周建军、杨胜刚和邢炜（2017）指出：中国经济短期波动和长期增长趋势之间并不是呈正向或负向的线性关系，而是呈倒U型关系。

周业安和章泉（2008）利用1986—2004年间中国面板数据，发现财政分权是导致经济波动的重要原因，且在整个样本时间跨度内，财政分权促进了经济增长，尤其在1994年后十分显著。可见，对中国的研究，需要根据中国特殊的国情，如制度环境等进行分析研究。

2.4.2 不同波动来源对经济增长的影响

在相关文献中，不少学者着重就石油价格以及政策不确定性等特定波动来源对经济增长的影响进行了分析研究。

2.4.2.1 石油价格

石油作为现代工业的主要原材料，对一国的工业生产、国防建设等都十分重要。作为国家生存与发展的重要战略资源，石油对保障国家经济和社会发展以及国防安全的作用巨大。因此，石油价格的波动，很可能波及一国的经济增长。

关于石油价格波动对经济影响的研究主要集中在两个方向，一个是对宏观经济的影响，另一个则是对股市的影响。而在油价波动对宏观经济增长的影响方面，Hamilton（1983）通过对第二次世界大战后国际石油价格的波动对美国经济的影响，确定了石油价格冲击是导致美国经济衰退的因素之一。Ferderer（1996）发现油价上涨对美国工业生产指数增长率波动的影响程度是油价下降时的影响程度的两倍以上。Lee，Ni 和 Ratti（1995）则利用 GARCH 模型估计石油价格变动的条件波动率，然后将未预期石油价格变动标准化，得到石油价格冲击，发现石油价格冲击和 GDP 之间存在稳定的关系。Cuñado 和 Pérez de Gracia（2003）则发现石油价格与经济活动之间没有长期均衡关系，发现如果石油价格比较稳定，那么较小的价格变化也含有较大的冲击，因此石油价格变化大小和冲击大小之间不存在一一对应关系。事实上，石油价格与宏观经济之间的关系不应该一概而论。当涉及不同经济、政治状况的国家，其结果可能有所不同。例如，通过对 MENA 国家分析，Berument，Ceylan 和 Dogan（2010）指出石油价格的上涨对阿尔及利亚、伊朗、伊拉克、科威特、利比亚、阿曼、卡塔尔、叙利亚以及阿拉伯联合酋长国这些石油输出国家的产出呈显著的正相关；而对巴林、吉布提、埃及、以色列、约旦、摩洛哥和突尼斯这些石油输出国家的产出则没有明显的影响。

此外，Lardic 和 Mignon（2006）提出了一种非对称协整方法来研究石油价格与经济活动的关系，通过实证分析美国、G7 国家、欧洲和欧元区经济体这些国家和地区的石油价格和经济增长，发现常规的协整关系并不存在，但是石油价格和 GDP 之间存在非对称协整关系。

2.4.2.2 政策不确定性

在政策不确定性与经济增长关系的实证研究方面，Turnovsky 和 Chattopadhyay（2003）基于 61 个发展中国家的数据，发现其中处于高波动的 30 个国家的贸易条件波动、政府支出波动和货币政策波动对经济增长率有显著的负效应。Dani Rodrik（1991）从政策不稳定的视角研究，发现其与投资间呈负相关关系。Aisen 和 Veiga（2013）使用系统 GMM 估计器对涵盖 169 个国家的样本和 1960—2004 年 5 年间的线性动态面板数据模型进行分析，发现更高程度的政治不稳定与人均 GDP 增长率较低有关，并发现政治不稳定性通过减缓生产力增长和在较小程度上减少物质和人力资本积累，对增长产生不利影响。考虑到政府换届、官员变动以及选举这些政治不稳定的代理指标发生的频率并不高，Fernández - Villaverde 等（2015）则直接通过政府支出、收入、资本投入等来模拟财政政策工具的演变，并基于线性化的 DSGE 模型发现经济政策的不确定性对宏观经济带来了负面效应。Born 和 Pfeifer（2014）基于同样的 VAR 模型也得出了同样的结论。Colombo（2013）、Mumtaz 和 Surico（2018），杨海生、陈少凌、罗党论和佘国满（2014）等学者基于线性 VAR 模型也得出了同样的结论。然而，这些方法却忽略了政策不确定性的状态依存效应。Pástor 和 Veronesi（2013）、Pastor 和 Veronesi（2012）发现与经济繁荣时期相比，指数包含国家的政策不确定性在经济低迷时期，尤其是美国次贷危机之后，上升到一个非常高的水平。Nodari（2014）采用 STVAR（非线性的平滑转换 VAR）模型研究了政策不确定性对美国宏观经济的影响。研究发现，不论在经济低迷还是经济繁荣时期，政策不确定性都对美国宏观经济产生显著的负面影响，而在经济低迷时期，这种影响更为严重。而 Baker 等（2016）基于其构建的经济政策不确定性指数，利用公司层面的数据，发现政策不确定性提高了股票价格波动性，减少了政策敏感部门（如国防、医疗保健和基础设施建设）的投资和就业。而在宏观层面，考虑在国家层面利用时间序列变化的 VAR 模型，政策不确定性预示着美国等 12 个主要经济体的创新、投资、产出和就业下降。

在关于中国的政策不确定性研究中，Blanchard 和 Shleifer（2001）认为，中国优异的经济增长表现很大程度上得益于其高效的政治集中。Gehlbach 和 Keefer（2011）进一步指出，中国经济的巨大成功可归结于政府正确实施公共政策的非凡能力，其中政党的制度化使得中国政府的承诺更可信，从而鼓励投资并促进经济增长。贺大兴和姚洋（2011）认为，改革开放以来中国政府是“中性政府”，政府既没有屈服于精英的力量，也没有迁就民众的短期利益，而是采纳了可能“有偏”但有利于经济长期发展的政策。因此，当面临严重的不利经济冲击时，中国的政治体制架构会使得有利于整体经济复苏的宏观调控政策更容易出台并迅速地予以实施。然而，由于公众无法准确预测政府将采取何种政策工具组合，政策调整过程仍将产生较高的政治不确定性，但此时政治不确定性对宏观经济会产生正面影响。

利用 Baker 等（2016）编制政策不确定性指数的方法，很多文献计算出中国的政策不确定性指数，在此基础上分析中国政策不确定性对长期增长的影响。金雪军、钟意和王义中（2014）通过构建 FAVAR 模型分析了中国政策不确定性对包括经济增长、消费、出口等 105 个宏观经济变量的影响，发现政策不确定性对实体经济和重要价格变量有负面影响。张玉鹏和王茜（2016）基于门槛 VAR 模型和反事实分析研究中国政策不确定性的非线性宏观经济效应及其作用机制，发现政策不确定性在经济低迷时期对产出增长存在显著的正向冲击效应。此时，政策不确定性会通过提振消费者信心和刺激企业投资需求对产出增长产生正面影响；而在经济繁荣时期则对产出增长存在显著的负向冲击效应，并且消费者信心和银行信贷渠道对政策不确定性的产出增长效应几乎没有影响。黄宁和郭平（2015）采用了省际面板数据，应用面板向量自回归（PVAR）模型来实证分析政策不确定性对宏观经济的影响。发现政策不确定性对我国经济增长、投资、消费、CPI 均产生了短期的负向作用，并且对东部地区经济增长的影响更大，而对西部地区消费与 CPI 的影响更大。而在投资方面，政策不确定性对东部地区投资的短期影响较显著，对西部地区投资的长期影响更显著。

2.5 总结

本章以短期波动与经济增长为主线，对国内外相关重要文献进行了综述。目前，短期波动和经济增长的关系已经成为当前宏观经济学研究的重要领域。在目前的理论和实证研究中，两者的关系并无定论。首先，本章分析了各种波动测度方法的测度原理、适用条件和优缺点。需要指出的是，并不存在十全十美的波动测量方法，因此在进行研究时需要做到权衡取舍，根据研究目的和实际情况，选择更适合的波动测量方法。而使用不同波动测量方法也可以检验实证结果的稳健性。其次，本章对相关经济增长理论进行了文献综述，在研究中，增长理论让我们可以分析并量化参数变化以及政策干预对经济的影响。与波动测量类似的是，不同的经济增长理论也存在各自的利弊和适用性，需要根据实际情况进行选择。最后，本章对相关实证研究进行综述，需要指出的是，在对短期波动与经济增长的实证研究中，相关研究更多的还是集中在对两者正负关系的研究上，较少讨论两者相互的影响机制和影响程度。而对中国进行研究时，在变量、波动测量等方面的选择要考虑中国特殊的国情，再结合实际情况对结论进行分析，切勿脱离实际。

3

短期波动作用于长期增长的理论机制

3.1 引言

对于波动性对长期增长作用的理论分析可以追溯到 Phelps（1962），Levhari 和 Srinivasan（1969）的开创性贡献。他们使用线性技术的内生增长模型研究了随机消费—储蓄问题。随后，Leland（1974）研究了一个随机 AK 模型，他的研究表明，不确定性增加对于消费/产出比的影响取决于风险规避系数的大小。即使是确定性的模型，考虑到内生增长的可能性，均衡要想存在，就必须对经济的基本面进行一些很强的假设（Larry E. Jones 和 Manuelli，1990）。如果使用随机模型，均衡解的存在并没有一个具有一般意义的结果，只能就几种特殊情形进行讨论。很多文献给出了均衡解存在需要满足的各种条件（Larry E Jones，Manuelli 和 Siu，2005；Larry E Jones，Manuelli，Siu 等，2005；Mendoza，1997）。这些文献都考虑了效用函数和生产函数，但是它们的分析都把波动性局限于 iid 冲击（iid shock）。显然，需要进一步扩展这些模型。

下面我将给出一个一般性的线性模型，并将它进行扩展，来说明短期波动对长期平均增长的影响。在这个模型中，时间是连续的。为了得到模型的解，我对偏好和技术进行了一些设定。另外，在我的基准模型中，波动性也被限定为 iid 冲击。在此基础上，我将对这些设定进行扩展。

3.2 线性内生增长模型

3.2.1 总体模型

基于 Larry E. Jones 和 Manuelli（2005），我从一个标准的随机 AK 模型开始分析。假设有多个线性生产技术相同的产品。我把代表性家庭的效用函数设定为：

$$U = \mathrm{E}\left(\int_0^{\infty} \frac{\mathrm{e}^{-\rho t} c_t^{1-\theta}}{1-\theta} \mathrm{d}t \mid F_0\right) \tag{3-1}$$

假设每个经济体有两种技术来生产消费品。每种技术的产出满足以下两个条件：

$$\mathrm{d}k_t = [(A-\delta_k)k_t - c_{1t}]\mathrm{d}t + \sigma_k k_t \mathrm{d}W_t + \eta_k k_t \mathrm{d}Z_t^k \tag{3-2}$$

$$\mathrm{d}b_t = [(r-\delta_b)k_t - c_{2t}]\mathrm{d}t + \sigma_b b_t \mathrm{d}W_t + \eta_b b_t \mathrm{d}Z_t^b \tag{3-3}$$

其中，（W_t，Z_t^k，Z_t^b）是一个由三个独立的标准布朗运动过程构成的向量，k_t 和 b_t 是两种不同的资本存量。这里假设每一个部门都会承受一个总体冲击 W_t，以及一个部门特定的冲击 Z_t^j。

为了简化计算过程，假设资本在不同部门之间重新配置是无成本的。这里把总资本定义为 $x_t \equiv k_t + b_t$ 。不失一般性，这里假设 $k_t = \alpha_t x_t$，这样可以得到 $b_t = (1-\alpha_t)x_t$。这样，可以得到：

$$\mathrm{d}x_t = \{[\alpha_t(A-\delta_k) + (1-\alpha_t)(r-\delta_b)x_t]\}\mathrm{d}t + \{[\alpha_t\sigma_k + (1-\alpha_t)\sigma_b]\mathrm{d}W_t + \alpha_t\eta_k\mathrm{d}Z_t^k + (1-\alpha_t)\eta_b\mathrm{d}Z_t^b\}\mathrm{d}x_t \tag{3-4}$$

如果经济满足凸性假设，那么均衡的实现就意味着最优的资源配置。即代表性消费者在可行性预算约束下要实现效用最大化。在明确这一点的基础上，计划者要追求自己的最大化。计划者这个最大化问题即是在（3-4）式约束的条件下，解

$$\max \mathrm{E}\left[\int_0^\infty \frac{\mathrm{e}^{-\rho t} c_t^{1-\theta}}{1-\theta}\mathrm{d}t \,\middle|\, F_0\right] \tag{3-5}$$

令这个最大化问题的值函数为 $V(x)$。那么，计划者最大化问题的解需要满足汉密尔顿—雅克比—贝尔曼方程：

$$\rho V(x) = \max_{c,\ a}\left\{\frac{c^{1-\theta}}{1-\theta} + V'(x)[\mu(\alpha)x - c] + \frac{V''(x)x^2\sigma^2(\alpha)}{2}\right\} \tag{3-6}$$

其中，

$$\mu(\alpha) = r + \alpha(A - r) - [\alpha\delta_k + (1-\alpha)\delta_b] \tag{3-7}$$

$$\sigma^2(\alpha) = [\alpha\sigma_k + (1-\alpha)\sigma_b]^2 + \alpha^2\eta_k^2 + (1-\alpha)^2\eta_b^2 \tag{3-8}$$

可以确认，最大化问题的解可以由（3-9）式给出：

$$V(x) = \frac{vx^{1-\theta}}{1-\theta} \tag{3-9}$$

其中，

$$v = \left\{\frac{\rho - (1-\theta)[\mu(\alpha^*) - \delta(\alpha^*) - \theta\sigma^2(\alpha^*)/2]}{\theta}\right\}^{-\theta} \tag{3-10}$$

$$\delta(\alpha) = \alpha\delta_k + (1-\alpha)\delta_b \tag{3-11}$$

可以得到计划者的最优决策法则：

$$\alpha^* = \frac{\dfrac{A - \delta_k - (r - \delta_b)}{\theta} - \sigma_b(\sigma_k - \sigma_b) + \eta_b^2}{(\sigma_k - \sigma_b)^2 + \eta_b^2 + \eta_k^2} \tag{3-12}$$

$$c = \frac{\rho - (1-\theta)\left[\mu(\alpha^*) - \delta(\alpha^*) - \frac{\theta\sigma^2(\alpha^*)}{2}\right]}{\theta} \tag{3-13}$$

进而可以得到总财富需要满足均衡的均衡随机微分方程：

$$dx_t = \left[\frac{\mu(\alpha^*) - \delta(\alpha^*) - \rho}{\theta} - \frac{(1-\theta)\sigma^2(\alpha^*)}{2}\right]x_t dt + \{[\alpha^*(\sigma_k - \sigma_b) + \sigma_b]dW_t + \alpha^*\eta_k dZ_t^k + (1-\alpha^*)\eta_b dZ_t^b\}x_t \tag{3-14}$$

从而，经济体的瞬间增长率 γ 和它的方差 $\sigma_\gamma{}^2$ 满足：

$$\gamma = \frac{\mu(\alpha^*) - \delta(\alpha^*) - \rho}{\theta} - \frac{(1-\theta)\sigma^2(\alpha^*)}{2} \tag{3-15}$$

$$\sigma_\gamma^2 = [\alpha^*(\sigma_k - \sigma_b) + \sigma_b]^2 + \alpha^{*2}\eta_k^2 + (1-\alpha^*)^2\eta_b^2 \tag{3-16}$$

定义随机增长率为 $\gamma_t = \frac{dx_t}{x_t}$。有了这个定义，可以得到连续时间的增长率：

$$\gamma_t = \frac{\mu(\alpha^*) - \delta(\alpha^*) - \rho}{\theta} - \frac{(1-\theta)\sigma_\gamma^2}{2} + \varepsilon_t \tag{3-17}$$

$$\varepsilon_t = [\alpha^*(\sigma_k - \sigma_b) + \sigma_b]dW_t + \alpha^*\eta_k + (1-\alpha^*)\eta_b dZ_t^b \tag{3-18}$$

根据（3-17）式和（3-18）式，波动性与增长之间到底是正向相关还是负向相关取决于波动的来源。我将在下面进一步进行讨论这一点。

这里需要定义一下模型中的投资率。根据投资 k，这里定义累计投资为 X_k，进而，X_k 变动为：

$$dX_{kt} = \delta_k k_t dt + dk_t$$

这样，总产出的变动可以定义为：

$$dY_t = \mu(\alpha^*)x_t dt + \sigma_\gamma x_t dM_t$$

其中，M 是一个标准布朗运动，从而有

$$\sigma_\gamma dM_t = [\alpha^*(\sigma_k - \sigma_b) + \sigma_b]dW_t + \alpha^* \eta_k Z_t^k + (1 - \alpha^*)\eta_b dZ_t^b$$

为了避免烦琐的计算过程，这里考虑一个离散时间，资本存量仅仅在开始时发生变动。这样，投资—产出比率就可以写成：

$$z_t = \frac{\gamma + \delta_k + \sigma_\gamma \varepsilon_t}{\mu(\alpha^*) + \sigma_\gamma \varepsilon_t}$$

其中，$\varepsilon_t \sim N(0, 1)$。对这个式子进行二阶泰勒展开可以得到：

$$z_t = \frac{\gamma + \delta_k}{\mu(\alpha^*)} + \frac{\sigma_\gamma[\mu(\alpha^*) - \gamma - \delta_k]}{\mu(\alpha^*)^2}\varepsilon_t - \frac{\sigma_\gamma^2[\mu(\alpha^*) - \gamma - \delta_k]}{\mu(\alpha^*)^3}\varepsilon_t^2 \tag{3-19}$$

这里用 z 来表示平均投资率，可得

$$z = \frac{\gamma + \delta_k}{\mu(\alpha^*)}\left[1 + \frac{\sigma_\gamma^2}{\mu(\alpha^*)^2}\right] - \frac{\sigma_\gamma^2}{\mu(\alpha^*)^2} \tag{3-20}$$

这样，可以得到增长率和投入—比率之间的相关系数：

$$\mathrm{cov}(\gamma_t, z_t) = \frac{\sigma_\gamma^2[\mu(\alpha^*) - \gamma - \delta_k]}{\mu(\alpha^*)^2} \tag{3-21}$$

可以得到 z_t 的标准差：

$$\sigma_z = \frac{\sigma_\gamma[\mu(\alpha^*) - \gamma - \delta_k]}{\mu(\alpha^*)^2} \frac{\sqrt{1 + \mu(\alpha^*)^2}}{\mu(\alpha^*)} \tag{3-22}$$

显然，如果（3-10）式成立，那么必然有 $\mathrm{cov}(\gamma_t, z_t) > 0$。理论

上来说，让增长率对投资率进行回归的话，投资率对产出增长率的影响应该是正向的。

下边将在这个模型的基础上，考虑几种特定的情形，来讨论产出增长率的变动与它的平均值之间的关系。

3.2.2 AK 模型

用来说明外生冲击在不同国家之间的差异最简单的模型，可能是 AK 模型。AK 模型是上一节总体模型的一种特殊情况。在 AK 模型中，经济体面临如下可行约束：

$$\int_0^t \hat{A}k_s \mathrm{d}s + \int_0^t \sigma_y \hat{A}k_s \mathrm{d}W_s \geqslant \int_0^t c_s \mathrm{d}s + \int_0^t \mathrm{d}X_{ks}$$

这个式子左边是一直到时间 t 的累积产出流量，右边是产出、消费和投资的累计使用量。资本运动法则是：

$$\mathrm{d}K_t = -\delta_k k_t \mathrm{d}t + \mathrm{d}X_{kt}$$

其中，δ_k 是折旧率。要表达经济体在流量方面的可行约束，代入资本运动法则，那么资源约束需要满足：

$$\mathrm{d}k_t = [(\hat{A} - \delta_k)k_t - c_t]\mathrm{d}t + \sigma_y \hat{A}k_t \mathrm{d}W_t \qquad (3-23)$$

我们知道，计划者的最大化问题，实际上对应着经济体的竞争性均衡。这个问题就是在（3-23）式的约束下使得（3-1）式实现最大化。

如果假设 $\eta_b = \sigma_b = \eta_k = 0$，并且有 $A = \hat{A} - \delta_k$，$\sigma_k = \sigma_y \hat{A}$，那么这里的最大化问题实际上就是 3.2.1 中总体模型里的最大化问题。

而且我们还需要确保在均衡实现时没有使用技术 b。一个简单的

方法是把 $r-\delta_b$ 作为内生的，这样在均衡实现时 $\alpha^*=1$。也就是说，所有的投资都是物质资本。

在这种情形下，有 $x_t=k_t$。这样，（3-15）式和（3-16）式意味着平均增长率和增长率的方差需要满足：

$$\gamma=\frac{\hat{A}-\rho-\delta_k}{\theta}-\frac{(1-\theta)\sigma_\gamma^2}{2}$$

$$\sigma_\gamma^2=\sigma_y^2\hat{A}^2$$

总体来说，技术冲击 σ_y^2 与增长率之间相关性的符号是含糊的，它取决于 θ 的取值，具体来说：

（1）如果偏好的曲率小于对数效用函数的曲率，即 $0<\theta<1$，那么 σ_y 增加会使得增长率 γ 下降。

（2）如果 $\theta>1$，那么 σ_y 增加会使得增长率 γ 提高。

（3）如果效用函数就是对数函数，即 $\theta=1$，那么波动和增长没有关系。

之所以技术冲击与增长率之间相关性的符号含糊不清，主要原因是外生冲击对储蓄率进而对产出增长率的影响可以分解为两个相反方向的不同效应。

技术变动幅度增加会使得人们减少未来的消费，而增加当下的消费。要想在当期购买更多的物品，唯一的方法就是增加投资。因此，技术冲击的波动性如果增加，存在当前消费对未来消费的替代效应。这样，储蓄率就会降低，进而降低产出的增长率。

另一方面，外生冲击的变动幅度增加会产生收入效应。直观来看，对凹的效用函数来说，随着消费水平的增加，会使得边际效用的波动性降低。所以，当消费水平较高时，波动性带来的负效应较小。这种收入效应会使得储蓄增加，因为这是实现“高的”消费水平的唯一方法。

这里得出的公式表明，替代效应和收入效应的相对强度取决于效用函数的曲率。如果偏好的曲率小于对数函数的曲率，则替代效应起主导作用，外生冲击的方差增加会降低产出增长率。如果代表性家庭的效用函数比对数函数显示更大的曲率，则收入效应将占主导地位，从而波动与增长之间的关系为正。

在这个 AK 模型中，平均投资率是：

$$z = \frac{\gamma + \delta_k}{\hat{A}}(1 + \sigma_y^2) - \sigma_y^2$$

在 3.2.1 的总体模型中，投资率和产出增长率之间的协方差为正数。在这里的 AK 模型中，这个协方差为：

$$\sigma_z = \sigma_y \left[\frac{\rho - (1 - \theta)(\hat{A} - \delta_k - \theta\sigma_y^2\hat{A}^2/2)}{\theta} \right] (1 + \hat{A}^2)^{1/2}$$

在这种情形中，如果 $\theta<1$，σ_y 增加则意味着 σ_z 增加；如果 $\theta>1$，σ_y 增加则意味着 σ_z 减小。因此，如果 $\theta<1$，那么技术冲击的方差（σ_y^2）越大，也就意味着增长率的方差（σ_γ^2）和投资率的方差（σ_z^2）越大，从而就会降低平均增长率。显然，增长率的标准差与投资率的标准差是相关的。

3.2.3 两部门模型

在 3.2.1 的 AK 模型中，增长率的方差是外生的，它等于技术冲击的方差。这部分假设经济中没有其他可用于分散风险的资产。在本节中，笔者把这个模型扩展为两部门模型。增长率的方差由代表性厂商和消费者的投资组合内生地确定。主要结论是，根据国家之间异质性的来源，σ_γ 和 γ 之间的关系不再是单调的。尤其是，它们之间的关系取决于国家之间异质性的来源。这个模型，与上一节模型的结论相同，即 σ_γ 的增加刚开始时会带来 γ 的增加，而随着 σ_γ 数值的不断变大，进一步增加 σ_γ，则会使平均增长率降低。

为了模型足够简单，假设第二种技术不受冲击的约束，而且不存在折旧。也就是说，假设 $\eta_b=\sigma_b=\eta_k=0$。要使得均衡解存在，那么投资回报率需要满足条件：

$$A-\theta\sigma_k^2<r<A$$

这个约束条件意味着 $0<\alpha^*<1$，而且确保两种技术都会用于生产消费品。由于这个模型就是（3-15）式和（3-16）式的一种特殊形式，因此可以很容易地给出产出的平均增长率及其方差。

$$\gamma=\frac{r-\rho}{\theta}+\left(\frac{A-r}{\theta\sigma_k}\right)^2\frac{1+\theta}{2} \tag{3-24}$$

$$\sigma_\gamma^2=\left(\frac{A-r}{\theta\sigma_k}\right)^2 \tag{3-25}$$

这里使用离散时间近似地描述 γ_t 和 σ_γ^2 之间的关系：

$$\gamma_t=\frac{r-\rho}{\theta}+\sigma_\gamma^2\frac{1+\theta}{2}+\varepsilon_t$$

其中，$\varepsilon_t=\sigma_\gamma\omega_t$，$\omega_t\sim N(0,\ 1)$

因此，如果国家之间的差异来自于它们在（A，σ_k）的差异，根据这里的模型，σ_γ^2 与 γ 之间正相关，而且这种关系与偏好的曲率无关。这里的意思是，在 σ_k 增加的情况下，σ_γ^2 与 γ 这两个内生变量正相关。需要注意到，当 σ_k 上升后，经济体将把更多的资源转移到“安全”的技术（即 α^* 下降），而这样会导致增长率的方差下降。由于“危险”的技术的平均回报率高于“安全”的，因此平均增长率下降。

3.2.4 总量冲击与部门冲击

本节考虑两部门经济体，考查外生冲击的部门之间的相关程度怎样影响平均增长率。为了简化分析，在（3-14）式和（3-15）式的框架内，考虑以下情形：

$$\sigma_k = \sigma_b = \sigma > 0$$

$$\eta_b = 0,\ \eta_k = \eta$$

$$\delta_k = \delta_b = 0$$

这里的设定中，有一个总体冲击 W，它同时影响两个部门，而 A 部门还同时受到一个特定的冲击 Z_t^k。利用（3-12）式、（3-13）式、（3-15）式和（3-16）式的推导，可以得到相应的均衡解：

$$\alpha^* = \frac{A-r}{\theta\eta^2}$$

$$\gamma = \frac{r-\rho}{\theta} - \frac{(1-\theta)\sigma^2}{2} + \left(\frac{A-r}{\theta\eta}\right)^2 \frac{1+\theta}{2}$$

$$\sigma_\gamma^2 = \sigma^2 + \left(\frac{A-r}{\theta\eta}\right)^2$$

显然，参数 A，r，σ 和 η 中任何一个发生变动，都会相应影响 σ_γ 和 γ。需要简单对这些参数的变动发生的影响进行说明。

（1）σ 增加。整个经济冲击的标准差的增加对两个部门都产生了同等影响，并且不会引起任何“投资组合”或部门的资本再分配。分配给每个部门的资本份额与 σ 无关。由于 σ 的增加会使得 σ_γ 增加，因此 σ 的增加对 γ 的总效应与 θ 的取值有关。如果 $0<\theta<1$，那么 σ 的增加会降低平均增长率；如果 $\theta>1$，σ 的增加则会使得平均增长率提高。

（2）r 降低。显然，r 降低会导致 σ_γ 的增大。但是，r 降低对 γ 的影响并不是单调的。如果 r 较大，那么 r 的降低会使得 γ 增加；而如果 r 较小，那么 r 的降低则会使得 γ 减少。将这两条信息综合在一起，可以得出，在 r 变化后，σ_γ 和 γ 之间的关系可能是倒 U 形，存在唯一的 σ_γ 值（它对应着一个 r），使得平均增长率实现最大化。

（3）η 增加。η 的这种变动增加了 A 技术的“风险”，并导致投资组合重新分配，因为代表性代理人减少了高回报行业中的资本份额。这个变化意味着 σ_γ 和 γ 都下降了。因此，η 的变动会引起增长率的平均值和标准偏差之间的正相关。

（4）两部门的冲击之间相关程度不同造成的影响。注意到两部门的冲击之间的相关系数是：

$$v=\frac{\sigma}{\sqrt{\sigma^2+\eta^2}}$$

为了把这种相关性变动的影响分离出来，考虑 σ 和 η 的变动，而产出增长率的方差不变。这样，对于给定的 σ_γ，需要满足：

$$\sigma_\gamma^2=\sigma^2+\left(\frac{A-r}{\theta\eta}\right)^2$$

这样，两个部门冲击之间的相关系数为：

$$v = \frac{1}{1 + \dfrac{\left(\dfrac{A - r}{\theta}\right)^2}{\sigma^2(\sigma_\gamma^2 - \sigma^2)}}$$

而此时产出的增长率为：

$$\gamma = \frac{r - \rho}{\theta} - \sigma^2 + \frac{(1 + \theta)\sigma_\gamma^2}{2}$$

因此，如果部门之间的相关性较小，也就是说 σ 较大，那么意味着平均增长率也就越低。如果这种相关性在不同的国家也不相同，那么这意味着 γ 和 σ_γ 之间并不一定是函数关系，而可能是对应关系。换句话说，同一个 σ_γ 往往对应着不同的 γ。

3.3 考虑人力资本

在前边两节的模型中，只考虑了物质资本。在本节中，在模型中进一步引入人力资本。为了分析方便，假设人力资本的利用率为常数。

这里假设产出可用于生产消费品和投资品，而市场中的商品可用来生产人力资本。这相当于假设人力资本的生产函数与一般商品的生产函数是相同的。可以给出生产函数的可行性约束：

$$dK_t = [F(k_t, h_t) - \delta_k k_t - x_t - c_t]dt + \sigma_\gamma F(k_t, h_t)dW_t$$

$$dh_t = -\delta_h h_t + x_t dt + \sigma_h h_t dW_t + \eta h_t dZ_t$$

其中，（W_t，Z_t）是一个由服从于独立标准布朗运动的变量构成的向量，F 是一个一次齐次的凹函数。另外，x_t 是包括物质资本和人力资本在内的总财富。这样，上面的约束条件就退化为：

$$dx_t = \{[F(\alpha_t, 1-\alpha_t) - \delta_k\alpha_t - \delta_h(1-\alpha_t)]x_t - c_t\}dt + \sigma_y F(\alpha_t, 1-\alpha_t)x_t dW_t + \sigma_h(1-\alpha_t)x_t dW + \eta(1-\alpha_t)x_t dZ_t \tag{3-26}$$

在这个模型中，竞争性均衡同样是计划者最大化问题的解。计划者在（3-26）式约束下追求（3-1）式最大化。这个最大化问题对应的汉密尔顿—雅克比—贝尔曼方程为：

$$\rho V(x) = \max_{c,\ \alpha}\left\{\frac{c^{1-\theta}}{1-\theta} + V'(x)\left[\left(F(\alpha, 1-\alpha) - \delta(\alpha)\right)x_t - c_t\right] + \frac{V''(x)x^2\sigma^2(\alpha)}{2}\right\}$$

其中，

$$\delta(\alpha) = \delta_k\alpha + \delta_h(1-\alpha),$$

$$\delta^2(\alpha) = \sigma_y^2 F(\alpha, 1-\alpha)^2 + \sigma_h^2(1-\alpha)^2 + \eta^2(1-\alpha)^2 + \sigma_y\sigma_h F(\alpha, 1-\alpha)(1-\alpha)$$

可以证明，这个方程可以解出来，这个解的形式是函数

$$V(x) = v\frac{x^{1-\theta}}{1-\theta}$$

进一步，可以得到增长率及其方差：

$$\gamma = F(\alpha, 1-\alpha) - \delta(\alpha) - v^{-1/\theta}$$

$$\sigma_\gamma^2 = \sigma_y^2 F(\alpha, 1-\alpha)^2 + \sigma_h^2(1-\alpha)^2 + \eta^2(1-\alpha)^2 + \sigma_y\sigma_h F(\alpha, 1-\alpha)(1-\alpha)$$

为了便于计算，假设 F 为柯布—道格拉斯函数形式：

$$F(x,\ y)=Ax^{\omega}y^{1-\omega},\ 0<\omega<1$$

进一步假设人力资本技术是确定性的，即 $\sigma_h=\eta=0$，并且物质资本存量和人力资本存量的折旧率相等，即 $\delta_k=\delta_h$。可以得到 α 的最优选择的一阶条件为：

$$\phi(\alpha)\hat{F}(\alpha)[1-\theta\sigma_y^2\hat{F}(\alpha)]=0$$

其中

$$\hat{F}(\alpha)\equiv A\alpha^{\omega}(1-\alpha)^{1-\omega}$$

$$\phi(\alpha)=\frac{\omega}{\alpha}-\frac{1-\omega}{1-\alpha}$$

二阶条件是：

$$-\omega(1-\omega)[\alpha^{-2}+(1-\alpha)^{-2}]\hat{F}(\alpha)[1-\theta\sigma_y^2\hat{F}(\alpha)]$$
$$-\theta\sigma_y^2\hat{F}(\alpha)^2\phi(\alpha)<0$$

在给定的范围内，有 $\hat{F}(\alpha)>0$，因此，要满足最大化的一阶条件，需要 $\phi(\alpha)=0$，即 $\alpha^*=\omega$；或者 $F(\alpha^*)=1/\theta\sigma_y^2$。显然，后者的解并不是唯一的，这个解的性质依赖于 σ_y^2 的取值。这里有以下两种可能的情形：

(1) $\sigma_y^2\leqslant\dfrac{1}{\theta\hat{F}(\omega)}$.

这种情形中，σ_y^2 较低，由于对所有可行的 α，都有 $1-\theta\sigma_y^2\hat{F}(\alpha)>0$，因此最大化实现时有 $\alpha^*=\omega$。这个解满足二阶条件。在情形 1 下产出的增长率及其标准差可以表示为：

$$\gamma_1=\frac{F(\omega)-\rho-\delta}{\theta}-\frac{1-\theta}{2}\sigma_y^2\hat{F}(\omega)^2$$

$$\sigma_{\gamma 1}=\sigma_y\hat{F}(\omega)$$

(2) $\sigma_y^2 > \dfrac{1}{\theta \hat{F}(\omega)}$.

在这种情形中，一阶条件有两个解。解出来 $(\alpha^*) = 1/\theta\sigma_y^2$，可以得到 α 的 2 个值。可以把这 2 个值分别表示为 α^- 和 α^+，并且假设 $\alpha^- < \omega < \alpha^+$。显然，$\alpha^-$ 和 α^+ 都满足二阶条件。这样，可以把情形 2 中的产出增长率及其标准差表示为：

$$\gamma_2 = \frac{1}{\theta}\left(\frac{1+\theta}{2\theta\sigma_y^2} - \rho - \delta\right)$$

$$\sigma_{\gamma 2} = \frac{1}{\theta\sigma_y}$$

可以看出，在情形 2 中，产出的平均增长率与增长率的标准差之间的关系为正相关。而在情形 1 中，两者相关性的符号取决于 θ 的取值。

考虑 2 个国家，尽管它们的 σ_y 不同，但它们的 σ_γ 却有可能相同。这里的模型恰好可以解释这个现象。注意到，在本节的模型中，在可行的取值范围内，任何一个 σ_γ 都对应着这个集合 $[0, \sqrt{\hat{F}(\omega)/\theta}]$。在这个集合里，$\sigma_y$ 有两个值对应着同一个 σ_γ 的，一个值小于 $\sqrt{\hat{F}(\omega)/\theta}$，而另一个值则大于 $\sqrt{\hat{F}(\omega)/\theta}$。因此，$\sigma_y$ 与 γ 之间是对应关系。图 3-1 描绘了当风险规避程度较低，即 $0<\theta<1$ 时的对应关系。

如果跨国异质性的唯一来源是技术冲击的变动 σ_y，则该模型意味着所有数据点都应位于图 3-1 所示的映射的两个分支之一中。在这些点上，σ_γ 和 γ 之间的相关关系既可能是正，又可能为负。

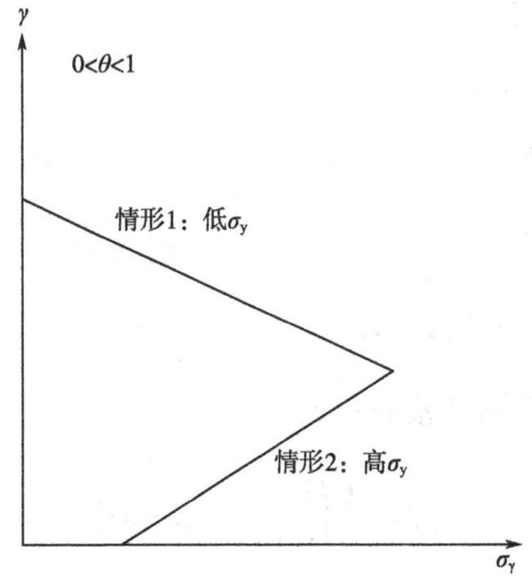

图 3-1　γ 和 σ_{γ} 的关系（$0<\theta<1$）

图 3-1 描述的是 $0<\theta<1$ 的情形，那么，如果 $\theta>1$，结论是否会发生变化呢？在 $\theta>1$ 的情形中，σ_{γ} 与 γ 之间仍然是对应关系，但两者之间相关性的符号可能与 $0<\theta<1$ 时不同。在 $\theta>1$ 的情形中，θ 的取值决定了映射的两个分支斜率。在这种情况下，增长率的平均值与标准差之间的相关关系总是正的。但是，低 σ_{y} 的分支比高 σ_{y} 的分支更平坦一些，参见图 3-2。

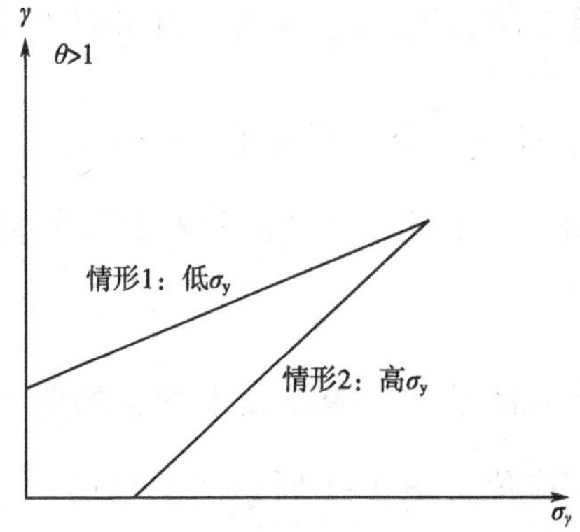

图 3-2　γ 和 σ_{γ} 的关系（$\theta>1$）

3.4 考虑政府支出和税收

本节将继续利用 AK 模型，本节把政府支出作为一个外生的随机过程，考虑政府为了弥补预算赤字而使用扭曲性的税收。这个模型的思想基于 Eaton（1981）。

本节仍然使用（3-1）式作为代表性家庭的效用函数，通过对消费和储蓄的决策实现效用最大化，储蓄既可以用于资本也可以用于债券。但是，由于政府的税收政策是外生的，债券的回报率并不是没有风险。反过来说，政府通过发行债券来弥补预算赤字，它一定会让债券的收益变成随机的。

代表性家庭的最大化问题是：

$$\max U = \mathrm{E}\left(\int_0^{\theta} e^{-\rho t}\frac{c^{1-\theta}}{1-\theta}\mathrm{d}t \mid F_0\right) \tag{3-27}$$

约束条件为

$$\mathrm{d}k_t = (r_k k_t - c_{1t})\mathrm{d}t + \sigma_k k_t \mathrm{d}W_t \tag{3-28}$$

$$\mathrm{d}b_t = (r_b b_t - c_{2t})\mathrm{d}t + \sigma_b b_t \mathrm{d}W_t \tag{3-29}$$

$$c_t = c_{1t} + c_{2t} \tag{3-30}$$

其中，k_t 表示资本，b_t 代表债券。同前几节一样，本节把财富作为状态变量。本节把财富定义为 $x_t \equiv k_t + b_t$。这样，单个家庭的预算约束为：

$$\mathrm{d}x_t = \{[\alpha_t r_k + (1-\alpha_t) r_b]x_t - c_t\}\mathrm{d}t + [\alpha_t\sigma_k + (1-\alpha_t)\sigma_b]x_t\mathrm{d}W_t$$

可以得到效用最大化的最优解：

$$\alpha = \frac{\frac{r_k - r_b}{\theta} - \sigma_b(\sigma_k - \sigma_b)}{(\sigma_k - \sigma_b)^2} \tag{3-31}$$

$$c_t = \frac{\rho - (1-\theta)\left\{\alpha r_k + (1-\alpha)r_b - \frac{\theta[\alpha\sigma_k + (1-\alpha)\sigma_b]^2}{2}\right\}}{\theta} x_t \tag{3-32}$$

要使得社会资源配置集可行，需要满足以下条件：

$$dk_t = (Ak_t - c_t)dt + \sigma Ak_t dW_t - dG_t$$

$$dG_t = gAk_t dt + g'\sigma Ak_t dW_t$$

政府支出由随机部分和非随机部分构成。具体来说，政府支出随机部分占总产出的比例用 g 来表示；而政府支出非随机部分占总产出比例则由 g' 表示。政府对随机性和非随机性产出分别以不同的来征税。作为一个随机过程的税收收入需要满足以下条件：

$$dT_t = \tau Ak_t dt + \tau'\sigma Ak_t dW_t$$

在实现均衡时，资本的回报率需要满足条件：

$$r_k = (1-\tau)A$$

$$\sigma_k = (1-\tau')\sigma A$$

政府预算约束要求超出税收收入的政府支出通过发行债券来筹集资金。这样，有

$$B_t + dG_t - dT_t = p_t dB_t$$

其中，$p_tB_t = b_t$ 是政府发行的债券的价值。资本存量的变动为：

$$dk_t = \left[(1-g)A - \frac{c_t}{k_t}\right]k_t dt + \sigma(1-g')Ak_t dW_t$$

在均衡实现时，私人财富的增长率必然与资本存量的增长率相等。因此，有：

$$\alpha r_k + (1-\alpha) r_b - c = (1-g)A - \frac{c}{\alpha} \tag{3-33}$$

$$\alpha \sigma_k + (1-\alpha)\sigma_b = \sigma(1-g')A \tag{3-34}$$

通过联立（3-30）式至（3-34）式，可以计算出我们需要的内生变量的解。这些均衡解取决于 c、α、r_b 和 σ_b 这些外生变量的取值。最终可以得到产出增长率的平均值及其标准差：

$$\gamma = \alpha r_k + (1-\alpha) r_b - c$$

$$\sigma_\gamma = \sigma(1-g')A$$

进而，可以写成：

$$\gamma = \frac{(1-\tau)A-\rho}{\theta} - \left(\frac{1-\theta-\tau'+\theta g'}{1-g'}\right)\sigma_\gamma^2 \tag{3-35}$$

$$\sigma_\gamma = \sigma(1-g')A \tag{3-36}$$

（3-35）式描述了财政冲击和技术冲击对平均增长率的影响。首先考虑政府税收规模的变动怎样影响平均增长率（γ）与增长率方差（σ_γ）之间的关系。如果技术冲击是国家间增长率标准差存在差异的主要源泉，那么，如果有些国家对收入的随机部分税率较低，即 $1-\theta-\tau'+\theta g'>0$，此时增长率的波动较大的国家可能会有较低的平均增长率。这里说的实际上是所得税的税基可以在多个时期之间进行平均，这种情况下增长率的方差与平均增长率的相关关系为负。另一方面，对于收入的随机组成部分征收较高税率的国家，其增长率的均值和方差之间则呈正相关关系。

4

短期波动对长期增长影响的实证分析

本章将在第三章内生增长理论模型的基础上探究经济周期与长期增长之间的因果关系，并使用中国的省级数据进行经验验证。

4.1 产出波动与长期增长：截面和面板数据

本节试图分别用中国省级截面数据和面板数据来解释短期波动性对中国长期增长的影响。

4.1.1 计量模型与数据来源

本节在 Ramey 和 Ramey（1995）的基础上构造计量模型，利用中国其中 30 个省的数据，对人均实际 GDP 的平均增长率与它的标准差进行回归。首先只考虑不随时间变动而变动的波动性，使用截面数据进行回归。对中国各省 1983—2017 年的平均增长率与增长的波动性进行回归，然后在回归中加入控制变量集合以保证回归结果的稳健性。截面回归采用如下计量模型：

$$\gamma_i = \beta X_i + \lambda\sigma_i + \eta\sigma_i^2 + u_i \tag{4-1}$$

在（4-1）式中，下标 i 为各省的编号，$i=1, 2, \cdots, 30$，γ 和 σ 分别是各省 1983—2017 年间经济增长率（growth）的均值和标准差，笔者用它们分别代表经济的长期增长和短期波动。各省经济增长率用实际人均 GDP 的对数差分实现，如果用 y 表示实际人均 GDP，那么

$$growth_t = \Delta\log(y_t/y_{t-1})$$

由于波动对长期增长的影响既有正向影响，又有负向影响，笔者引入 σ 的平方项，这可以更准确地探究波动对长期增长的影响。X

是由控制变量构成的集合，包括平均投资比率（*av_inves*）、人口的平均增长率（*av_pop*）、平均对外依存度（*av_open*）、平均人力资本（*av_human*），u 是误差项。

考虑到波动性会随时间变动而变动，笔者以 5 年为周期计算各省每个周期内增长率的波动性。用 1983—2017 年之间每个周期的平均增长率对增长率的波动进行面板回归，共 7 个周期。这 7 个周期分别是：1983—1987、1988—1992、1993—1997、1998—2002、2003—2007、2008—2012、2013—2017。同截面回归一样，本节的面板回归也控制了相应的条件变量。面板回归模型是：

$$\gamma_{it} = \beta X_{it} + \lambda \sigma_{it} + \delta \sigma_{it}^2 + \mu_i + \eta_t + u_{it} \qquad (4-2)$$

在（4-2）式中，下标 t 代表周期的序号，$t=1, 2, \cdots, 7$。第 i 省在第 t 个周期内人均实际 GDP 的平均增长率 γ_{it} 是该周期历年增长率的平均数，它衡量每个周期内经济的平均增长。而 σ_{it} 是周期内人均实际 GDP 增长率的标准差，它衡量每个周期内的短期波动。与截面回归一样，在面板回归中，也引入了波动的平方项。面板回归中，控制变量集 X 包括：平均投资比率（*av_inves*）、平均人口增长率（*av_pop*）、平均对外依存度（*av_open*）、平均人力资本（*av_human*）、初始人力资本（周期内首年的人力资本，*i_human*）、初始 GDP（周期内首年人均实际 GDP 的对数，*i_gdp*）。

接下来，笔者试图探究经济波动的源泉，让产出的波动性对政策的波动和国外市场的波动做回归，探究市场波动和政策波动对产出波动性的贡献。最后，笔者以 7 年周期计算波动性，进行面板回归来作为稳健性检验，以验证上面结论的可靠性。

在上述的模型中，经济增长率（*growth*）使用各省人均实际GDP的增长率数据，它通过人均实际GDP对数的差分得到；投资比率（*inves*）为投资总额占GDP比重；人口增长率（*pop*）使用人口的自然增长率数据；对外依存度（*open*）使用进出口总额占GDP比重数据；人力资本（*human*）为在校生人数占就业人口比重；政府支出比率（*gov*）为政府支出占GDP比重。所有数据均来自于历年各省、自治区和直辖市统计年鉴以及《新中国六十年统计资料汇编》。我对各变量的原始数据均通过双边或单边缩尾来处理离群值。表4-1列出各变量的描述统计量。

表4-1　各变量的描述统计量

变量	变量定义	均值	中位数	标准差	最小值	最大值
growth	GDP增长率	0.085	0.084	0.207	-1.708	1.962
inves	投资率	0.431	0.358	0.213	0.145	1.135
pop	人口增长率	8.315	7.790	4.815	-3.240	20.95
human	人力资本	0.015	0.008	0.014	0.001	0.059
i_gdp	初始GDP	7.283	7.148	1.003	5.156	10.36
i_human	初始人力资本	0.013	0.006	0.0140	0.001	0.065
gov	政府支出比率	0.160	0.139	0.084	0.049	1.058
open	对外开放度	0.308	0.109	0.456	0	2.155
σ_i	截面回归波动性	0.169	0.074	0.149	0.045	0.438
σ_{it}	5年周期面板数据的波动性	0.084	0.038	0.206	0.003	1.271

4.1.2　计量结果及分析

4.1.2.1　截面回归

笔者使用1983—2017年的数据对（4-1）式做截面回归。回归结果见表 4-2。

表 4-2 增长对波动性的截面数据回归结果

	(1)	(2)	(3)	(4)	(5)
σ	0.019*** (4.59)	0.428*** (13.26)		-0.002 (-0.67)	0.377*** (12.10)
σ^2		-0.864*** (-13.14)			-0.779*** (-12.41)
av_inves			0.161*** (13.50)	0.164*** (16.10)	0.082*** (9.09)
av_pop			-0.001*** (-3.11)	-0.001*** (-3.29)	0.001** (2.54)
av_open			0.016*** (13.13)	0.016*** (12.61)	0.010*** (7.35)
av_human			-1.065*** (-11.51)	-1.068*** (-11.54)	-0.423*** (-4.71)
_cons	0.083*** (136.72)	0.057*** (29.91)	0.035*** (7.65)	0.034*** (7.95)	0.023*** (6.76)
N	30	30	30	30	30
Adj-R^2	0.058	0.128	0.235	0.246	0.332

注：括号中数字为各系数根据异方差稳健的标准误计算得到的 t 值；*、** 和 *** 分别代表在 10%、5%和 1%的水平统计显著。

在表 4-2 的第（1）列中，用产出的平均增长率（γ）对波动性即产出的标准差（σ）做回归，发现波动性的系数显著为正，这验证了波动性对平均增长可能存在正向影响。第（2）列中加入波动性的平方项（σ^2）。回归结果显示，波动性的系数显著为正，而波动性平方的系数则显著为负，这说明随着波动规模的变化，波动性对长期增长率的影响方向也有可能发生变化。第（3）列仅对控制变量做回归，这些变量均统计显著。根据这些系数的符号可知，投资、对外开放度和人力资本都对长期增长有正向影响，而人口增长率则对长期增长有负向影响。这些控制变量中，各个变量系数的符号均符合笔者的预期，与增长理论的结论相吻合。

第（4）列和第（5）列把控制变量和波动性均加入回归。各变量的系数符号及显著性与前 3 列相比没有发生本质变化。笔者重点关注波动对长期增长的影响。根据第（5）列中 σ 和 σ^2 的系数，可以得到波动性对长期增长的边际影响是：

$$\frac{d\gamma}{d\sigma} = 0.377 - 1.558\sigma$$

可以看出，当 $\sigma>0.216$ 时，$d\gamma/d\sigma<0$。根据表 2 的信息，可以知道 σ 的最大值为 0.438，最小值为 0.045，所以 $d\gamma/d\sigma<0$ 并不总是成立。也就是说，中国各省波动性对长期增长的影响方向可能为负（$\sigma>0.216$），也可能为正（$\sigma<0.216$），这种影响是倒 U 形的。进一步，根据第（5）列的回归结果，画出其中平均增长和波动性之间的拟合关系（见图 4-1）。图 4-1 很直观地反映了短期波动与长期增长之间的倒 U 形关系。即当产出波动性较小时，增加波动性会促进增长，但当波动性较大时，继续增加波动性则会降低产出的长期增长。

4.1.2.2 **面板回归**

在截面回归中，只反映了不同省份经济增长波动之间的差别，而没有考虑随时间变动而发生相应变动的波动性。因此，本部分既考虑波动性在截面方面的差别，又考虑在时间方面的差别。把

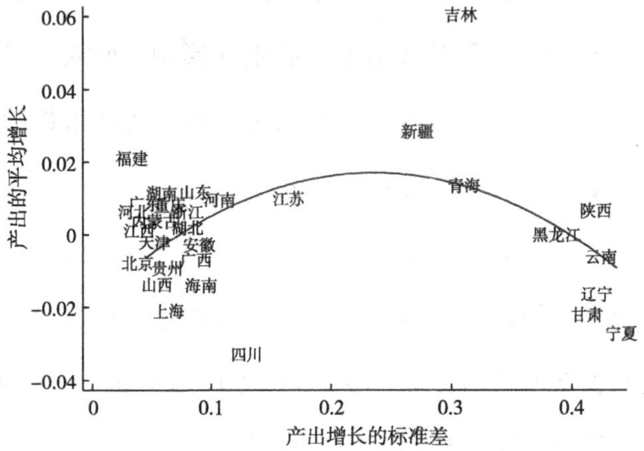

图 4-1　长期增长和波动性之间的相关关系

样本区间（35 年）分为 5 个周期，在每个周期内计算增长的平均值和标准差，来进行面板回归，笔者的回归均为既考虑个体固定效应又考虑时间固定效应的双向固定效应模型。表 4-3 给出了回归结果。

表 4-3　波动与增长的 5 年周期面板回归结果

	(1)	(2)	(3)	(4)	(5)
av_invest	0.114*** (3.22)			0.121*** (3.49)	0.121*** (3.49)
av_pop	−0.004*** (−4.16)			−0.004*** (−4.47)	−0.004*** (−4.47)
av_human	2.203** (2.26)			2.246** (2.18)	2.246** (2.18)
i_gdp	−0.063*** (−5.54)			−0.060*** (−5.95)	−0.060*** (−5.95)
i_human	−1.165 (−1.28)			−1.433 (−1.45)	−1.433 (−1.45)

续表

	(1)	(2)	(3)	(4)	(5)
σ		-0.193 (-1.33)	0.410** (2.00)	0.279* (1.66)	0.279* (1.66)
σ^2			-3.508*** (-3.81)	-3.121*** (-3.76)	-3.121*** (-3.76)
trend					0.015** (2.29)
_cons	0.463*** (5.59)	0.051*** (3.90)	0.029** (2.16)	0.443*** (5.89)	0.428*** (6.12)
N	208	210	210	208	208
$Adj\text{-}R^2$	0.665	0.505	0.529	0.703	0.703

注：括号中数字为各系数根据异方差稳健的标准误计算得到的 t 值；*、** 和 *** 分别代表在 10%、5%和 1%的水平统计显著。

在表 4-3 的第（1）列中，用平均增长率对各控制变量进行回归，各变量均统计显著。注意到平均人力资本（av_human）的系数显著为正，与截面回归的结果正好相反。显然，面板回归提供了更多的样本信息，它的结果更加可信，人力资本对平均增长率有显著的促进作用，这也与经典理论相一致。而其他控制变量的系数的符号及其显著性与截面回归相同，这进一步证实了经典理论中投资、人口增长率对经济增长的显著作用。另外，注意到 i_gdp 的系数显著为负，这说明我国各省的平均增长率存在收敛的趋势，初始 GDP 水平较低的省份会有较高的平均增长率，这与 Barro 和 Lee（1994）巴罗（2004）的经验分析相符。第（2）列只对波动性进行回归，发现它的系数并不显著。第（3）列只对波动性和波动性的平方进行回归。结果发现，波动性的平方对平均增长率有显著的正向的影响，而波动性的系数则显著为正。由于未控制其他变量，这两列的结果并不可靠，还需进一步进行分析。第（4）列把控制变量和波动及其平方项都加入回归。可以看出，σ 和 σ^2 的系数的符号和显著性与第（3）列相同。

为了进一步验证第（3）列、第（4）列的结论，笔者在第（5）列进一步加入时间趋势项，回归结果与第（4）列基本相同。这说明第（4）列的结果是比较可靠的。根据第（4）列和第（5）列的结果，波动性对平均增长的边际效应就为（4-3）式：

$$\frac{d\gamma}{d\sigma} = 0.279 - 6.242\sigma \tag{4-3}$$

可以看出，波动性对长期增长的边际影响并不是常数，而是与波动的规模有关。通过计算可以得到，当 $\sigma>0.0447$ 时，$d\gamma/d\sigma<0$，即此时波动性增加会使得平均增长率下降；而如果 $\sigma<0.0447$，则 $d\gamma/d\sigma>0$，即此时波动性增加会有助于提高平均增长率。根据表 4-1 的信息可知，波动性 σ 的最小值和最大值分别为 0.003 和 1.271，这说明波动性的增加既有可能提高也有可能降低平均增长率。

下面探究经济波动性的源泉。一般认为，经济的波动性主要来自于政策和技术两方面（Larry E. Jones 和 Manuelli，2005）。政策方面的波动，本节用政府支出 GDP 比重（*gov*）的标准差作为代理变量；技术方面的波动很难测量，所以这里没有考虑技术进步带来的波动。另外，考虑到中国自改革开放以来的重要特征是对外依存度的不断提升，国外市场的不确定性成为我国经济波动性的重要源泉。

这里使用增长率的波动对政策的波动性和国外市场的波动性做回归以探究中国波动性的源泉。其中，政策的波动性用政府支出占 GDP 比率（*gov*）的标准差衡量，而国外市场的波动性用对外开放度（*open*）的标准差来衡量。表 4-4 列出了回归结果。

表 4-4 波动性与政策波动和外贸波动的关系

	(1)	(2)	(3)
σ_gov	0.043 (1.39)		0.056* (1.86)
σ_open		0.064** (2.52)	0.067** (2.60)
_cons	0.047*** (4.99)	0.042*** (3.46)	0.040*** (3.27)
N	209	204	203
$Adj\text{-}R^2$	0.499	0.511	0.511

注：被解释变量为产出增长率的标准差（σ）；括号中数字为各系数根据异方差稳健的标准误计算得到的 *t* 值；*、** 和 *** 分别代表在 10%、5%和 1%的水平统计显著。

表 4-4 的回归同样是同时控制了个体和时间效应的固定效应模型。第（1）列中，对增长的波动性对政策的波动性做回归，发现这个变量并不显著；第（2）列中，对增长的波动性对国外市场的波动性做回归，结果表明这个系数显著为正；在第（3）列中，同时引入政策的波动性和国外市场的波动性作为解释变量，发现这两个变量的系数都显著为正。以上三个回归的结果表明，政府的政策和国外市场的不确定性都是经济波动的源泉，而国外市场的波动性似乎更加重要。注意到第（3）列调整的 R^2 为 0.511，这说明政府的政策和

国际市场的不确定性可以解释经济波动的一半，另外一半应该用技术和制度方面的不确定性来解释。

4.1.3 稳健性检验

这里进一步以 7 年为一个周期对波动性和长期增长之间的关系进行稳健性检验。因此，在本研究时间段内，共有 5 个周期：1983—1989 年、1990—1996 年、1997—2003 年、2004—2010 年、2011—2017 年。回归结果见表 4-5。

表 4-5 波动与增长估计结果（7 年为一个周期）

	(1)	(2)	(3)	(4)	(5)
av_inves	0.098*** (3.40)			0.105*** (3.61)	0.105*** (3.61)
av_pop	−0.004*** (−2.95)			−0.004*** (−3.81)	−0.004*** (−3.81)
av_human	4.244** (2.29)			4.458** (2.54)	4.458** (2.54)
i_gdp	−0.059*** (−4.68)			−0.059*** (−5.35)	−0.059*** (−5.35)
i_human	−3.619* (−1.89)			−4.157** (−2.34)	−4.157** (−2.34)
σ		−0.217 (−1.53)	0.093 (0.45)	0.269** (2.08)	0.269** (2.08)
σ^2			−2.326** (−2.35)	−3.710*** (−5.92)	−3.710*** (−5.92)
trend					0.020** (2.19)

续表

	(1)	(2)	(3)	(4)	(5)
_cons	0.460*** (4.94)	0.070*** (5.02)	0.059*** (4.01)	0.471*** (5.64)	0.451*** (5.93)
N	149	150	150	149	149
Adj_R^2	0.682	0.527	0.541	0.739	0.739

注：被解释变量为产出增长率的标准差（σ）；括号中数字为各系数根据异方差稳健的标准误计算得到的 t 值；*、** 和 *** 分别代表在 10%、5%和 1%的水平统计显著。

表 4-5 的回归结果与表 4-3 基本相同。表 4-5 第（4）列和第（5）列中，波动性的系数显著为正，而波动性平方的系数显著为负，这与表 4-3 的结果一致，并且这两个系数的值与表 4-3 也几乎完全相同，这说明表 4-3 的结果是稳健的。

4.1.4 结论及政策建议

本节利用我国其中 30 个省份 1982—2016 年的数据分析我国跨地区经济短期波动对长期增长的影响，得到如下主要结论：在控制了投资比率、人口增长率、外贸依存度、人力资本等因素后，省级层面经济的短期波动对长期增长的影响方向不确定，它与波动的幅度有关；如果波动的幅度较小，那么经济波动性的增加将有助于经济的长期增长率的提升；越过临界值后，波动幅度的增加只会降低经济的长期增长；稳健性检验表明上述结论仍旧成立；对经济波动源泉的探究表明，市场特别是国际市场的不确定性似乎是中国各省份增长短期波动的主要因素，而政府的政策尽管也会带来增长的波动性，但它并不是经济波动的主要原因。

经济波动的来源是复杂的，技术、政策、市场的不确定性都会带来经济的短期波动。一般认为，波动性对长期增长的正向影响主要来自于技术创新的冲击，而波动性对长期增长的负向影响则主要来自于政策和市场的不确定性。对中国经济的长期增长来说，波动的正向效应和负向效应同时存在。从目前来看，我国增长的波动幅度并不算大。[①] 因此，无需对波动的幅度过度关注，关键是为企业的创新提供良好的条件和激励机制，增加技术冲击对经济总体波动的贡献。一个国家的企业技术创新能力也是一国经济波动性的重要源泉，各国经济社会发展越来越依赖于理论、制度、科技、文化等领域的创新，国际竞争力也越来越体现在创新能力上。科技创新对经济发展的贡献率越大，发展质量也就越高。所以一个企业应通过并购、投资或研发等方式引进高新技术，提高生产效率和产量，或是调整企业内部的资源配置，将更多的资金应用到创新、高效率的项目中去，进而提升经济总体的波动幅度。同时，政府也要大力培育发展新动能，加强国家创新体系建设，加强对企业特别是中小企业创新的支持，以促进科技成果的转化。同时尽量避免政策本身带给企业和个人的不确定性。这样，即使经济的波动幅度增加，也会对经济的长期增长产生有利的影响，从而实现高质量发展。

从外部因素来看，国际市场的不确定性会带来经济的波动性，而降低经济的波动性有助于提高产出的长期增长，所以，我们需要

① 1983—2017 年间，我国其中 30 个省区的平均增长率为 8.5%，而以 5 年为周期计算的波动的平均值为 0.084。

采取措施来降低国际市场的不确定性，通过多种渠道去了解国际市场的价格、政策、国与国之间关系等一系列问题的变化以应对突如其来的动荡；从内部因素来看，一国的政府政策和企业的技术水平也对经济波动幅度有很大的影响。从政府方面来看，政府应制定一些稳定性政策并减少对市场的干预，这有助于减小或稳定经济波动，有助于促进长期的经济增长。

4.2 资本形成、宏观政策的波动性与长期增长：面板 VAR 的方法

4.2.1 理论说明

短期波动和长期增长问题是宏观经济学家关注的两大主要领域。在短期内，经济本身存在一定的波动性，这种波动性一方面来自于经济本身，如企业投资、技术进步等因素；另一方面来自政府的宏观经济政策，如财政政策和货币政策。本节主要是从以上两个方面研究短期的波动对长期增长的影响。不论是资本形成还是政府政策都能在短期内显著影响总产出，除此之外也能影响经济长期的波动性，它们是经济波动的主要来源。

就以往经验来看，长期的经济增长总是被阶段性的波动干扰从而很难保持稳定，经济学家将这种经济活动在低谷和高峰间转换的现象定义为经济周期。现阶段，对经济增长和宏观经济变量之间联系的实证研究有很多，诸如通过研究利率、汇率、生产率、私人和

政府消费、货币供给等变量的波动，来探究影响长期经济增长稳定性的原因。当然，出于对现实的数据可操作性和笔者自身的知识储备限制的考虑，不可能将全部的变量都纳入模型中进行分析。另外，本节主要关注的是宏观经济政策引起的波动性对长期增长率的影响。因此，本节只是选取了其中的三个变量：资本形成总额的波动、预算赤字的波动以及存贷款总额的波动。通过建立模型，重点分析其对经济增长的稳定性的影响。

就这一点而言，学界在是否有必要采取适当的政府干预或者让市场通过自身调节机制保证持续稳定的经济增长方面还存在争议。也就是说，在经济处于衰退期时，应当采取怎样的措施使得经济能够恢复稳定的发展势头。因此，本节选取的三个变量主要来自三个方面，即资本形成，财政政策和货币政策。

那么这三个变量是否能够代表资本形成与经济政策的波动性呢？运用经济意义检验的方式，可以发现这三个变量完全能够代替上文所说的三个方面。首先，资本形成总额的波动。资本形成总额指标主要是度量一定时期内固定资产形成总额和存货增加的总量，它主要代表的是经济波动的内因影响，是对本期资本形成效用的主要衡量标准，同时，从经济意义上来看也会对下一期经济增长规模有一定的影响，所以，将其纳入考虑范围。其次，预算赤字的波动。预算赤字这一指标可归结到政府财政政策方面，是将政府财政政策具体量化的重要变量。将其纳入模型，可以探究政府财政政策的变动对经济增长率是否有显著效果。最后，存贷款规模的波动。存贷款总额这个变量的引入主要是为了量化货币政策的效用，实际应当采用广义货币作为变量，但是由于本节采用的是省级面板数据，各省广义货币的数据无法得到，所以采用存贷款总额来代替。由于各省的存贷款规模显示了该地区金融市场的活跃状况，通过这个变量可以从一个侧面看出政府的货币政策波动对经济增长率的影响。本节主要试图回答诸如下列的重要问题：每个变量的波动对经济增长率是否存在影响？若存在影响，各个变量波动的影响程度又有多大？若不存在影响，还需进一步探究影响长期经济增长率的因素。

本节主要研究的是宏观经济变量的波动和经济增长率的关系，数据选取的是中国其中30个省、市、自治区（除港、澳、台和西藏自治区外）1978—2017年的年度数据。这个时间段是中国经济从计划经济转向市场经济的主要阶段，也是中国经济真正高速发展的时期。本节主要通过面板向量自回归（PVAR）模型的构建，借助脉冲响应函数以及方差分解的方法来解释上面所提出的问题，并对中国经济以后的发展提出合理化建议。

本节的主要学术贡献在这样几方面：实证方面，跳出传统意义上对短期波动和长期增长的研究采用的“二分法”的桎梏，把这两个主题糅合在一起，探究短期波动对长期经济增长率的影响。试图运用严格的计量方法从经验分析的角度来研究上述问题，采用脉冲响应函数和方差分解的方法分析短期波动和长期增长之间的关系，获得关于短期波动对长期增长的具体冲击程度的描述数据，给出具备有说服力的结论，即资本形成和政府经济政策的波动对长期经济增长率有显著影响。政策方面，本节的研究中，运用方差分解的方法重点探究了政府政策的影响力持续时间的问题，得出了政府政策波动，短期内能够显著影响总产出。长期内，这种影响力伴随着时间的推移而逐渐减小。因此，政府制定和执行财政政策和货币政策时，不但要考虑其短期的有效性，还要考虑长期的影响力，选择最优的政策幅度，以达到最好的政策效果。

实际经济增长率问题近年来已得到了国内经济理论界的极大关注，不少学者运用实证方法对我国的经济波动与周期问题做了较为深入的研究。

宏观经济学强调的是经济中各个部分的相互关系。因此，在经济中任何一个变量的波动都可能对经济的其他方面造成冲击，乃至于产生严重的偏离。相关问题研究结果显示，在探究造成经济发展不稳定的原因方面还存在很大的争议。基于凯恩斯主义理论的主流观点认为，造成经济发展不稳定的根源主要有以下两点，即能改变总需求的投资支出和政府赤字。此外，不良总需求的冲击会改变总供给。投资支出格外受到经济周期中的低谷和高峰的影响。投资支出的显著增加会使得总需求产生更大的增长，从而产生需求拉动型通货膨胀。相反，通过乘数作用，投资支出的显著减少会使得总需求产生更大的减少，从而引起经济衰退。因此，他们认为控制经济波动最有效的手段是财政政策，使用货币政策的主要目标在于控制利率。由于长期致力于改善财政政策，并且在相当长的时期内压低利息刺激投资，使得西方国家在提高国民收入的努力中，忽视了货币数量的增加所造成的通货膨胀。

另一方面，货币学派声称不合理的货币政策是造成宏观经济不稳定的最重要的因素。货币供给的增加直接引起了总需求的增加。在充分就业的条件下，总需求的增加会提高物价水平。较高的物价在短期内造成企业增加它们的实际产出，并且促使失业率跌至自然失业率以下。但是，一旦名义工资的增长达到能够反映更高的物价水平时，也就是我们一般所说的实际工资水平，实际产出会回到充分就业的水平，失业率也会重新回到自然失业率水平。因此，不合理的货币供给增长会造成通货膨胀以及实际产出和就业的不稳定。

真实经济周期理论认为，市场机制本身是完善的，在长期或短期中都可以自发地使经济实现充分就业的均衡。经济周期源于经济体系之外的一些真实因素的冲击，这种冲击称为“外部冲击”，引起这种冲击的是一些实实在在的真实因素。市场经济无法预测这些因素的变动与出现，也无法自发地迅速做出反应，故而经济中发生周期性波动。这些冲击因素不产生于经济体系之内，与市场机制无关。因此，真实经济周期理论是典型的外因论。它把引起经济周期的外部冲击分为引起总供给变动的“供给冲击”和引起总需求变动的“需求冲击”。这两种冲击又有引起有利作用、刺激经济繁荣的“正冲击”（或称“有利冲击”），以及引起不利作用、导致经济衰退的“负冲击”（或称“不利冲击”）。有利冲击比如技术进步，这种冲击刺激了投资需求；不利冲击比如 20 世纪 70 年代的石油危机，对供给有不利影响，类似“9・11”这样的事件也可以归入不利冲击。国内外发生的各种事件都可以成为对经济的外部冲击，但其中最重要的是技术进步和劳动力素质。值得注意的是，真实经济周期理论把政府宏观经济政策也作为引起经济波动的外部冲击之一。

根据真实经济周期理论，高于一般水平的全要素生产率意味着在劳动力雇佣和设备上有多于一般情况的获利机会。为了追求较高的经济收益，企业在设备和雇佣劳动力方面投入更多。通过高于一般全要素生产率增长而产生的额外收入会拉动消费的增长。因此，宏观经济变量诸如总产出、消费、投资以及工作时间，同时都有增长到高于它们各自长期水平的趋势。此外，翘尾因素解释了宏观经济变量的增长能够持续影响一段时间的原因。以上是真实经济周期理论对经济出现繁荣的解释。

尽管关于总产出的研究有很多，但是有关宏观经济变量的波动对经济增长的影响这个问题的研究，似乎还没有得出一个使得经济学家和政策制定者达成一致意见的成果。此外，中国宏观经济变量波动对经济增长率的影响这方面的研究也是不尽完善的。综上所述，本节的研究具备一定的现实意义。

4.2.2 数据和方法

通过前期的认知和文献综述，以凯恩斯主义为基础的主流观点认为引起实际经济增长波动的根源在于资本形成和政府赤字，并且认为解决这一问题的最为有效的工具是财政政策；货币学派认为造成宏观经济不稳定的唯一原因在于不合理的货币政策，因此解决的方法是通过改善货币供给，建构较为完善的金融投资环境；真实经济周期理论则是高度概括了以上两方面对经济波动的影响，并且把这些冲击归类为外部因素。

由此，本节向模型中引入以下四个变量，分别为：

(1) 经济增长率 (*growth*) ——实际 GDP 增长率，作为模型中的主要研究变量，下文中的主要分析便是围绕其展开的。在前期数据处理时，对实际 GDP 数据进行取对数处理，因此在离群值处理时，这一变量是正常的。

在模型中，该变量为被解释变量，代表长期经济增长的稳定性。

(2) 资本形成总额的波动 (*sd_cf_ratio*) ——该变量用资本形成总额占 GDP 比重的标准差表示。标准差来反映变量的波动情况，由于资本形成总额与下一期投资有很强的相关关系（通过经济意义解释），所以，估计这个变量的波动对实际经济增长率的影响应该是最大的。

数据处理的过程是：首先通过各省的资本形成总额/GDP 获得资本形成总额占 GDP 的比重；其次，再由资本形成总额占 GDP 的比重数值借由软件输出其标准差，需要说明的是，此处的标准差并不是一般意义上的标准差，而是通过每个省份当年资本形成总额占 GDP 比重数据与该省资本形成总额占 GDP 比重的平均值之差取绝对值所得出的，虽然不是准确的标准差数据，但是一定程度上也能够反映出资本形成总额占 GDP 比重各省历年的波动状况，具备一定的解释力。以下的两个变量的处理也是通过这种方式，为避免赘述，将不再特别说明。

(3) 预算赤字的波动 (*sd_bd_ratio*) ——该变量用预算赤字占

GDP 比重的标准差表示。这个变量主要是为了检验政府的财政政策对稳定经济的意义，代表以凯恩斯主义为基础的主流经济学派观点。

数据处理的过程是：首先通过各省的财政收入与政府支出的之差获得各省每年的预算赤字数据，再由预算赤字/GDP 获得预算赤字占 GDP 比重的数据，最终由预算赤字占 GDP 的比重数据通过软件输出其标准差。

（4）存贷总额的波动（*sd_cdze_ratio*）——该变量用存贷规模占 GDP 比重的标准差表示。这个变量主要是为了检验货币主义学派的观点，但是由于本节采用的省级行政单位的面板数据，各省的货币供给量数据获得比较困难，因此采用存贷款总额来反映各地的货币发行情况，具备一定的说服力。

数据处理的过程是：首先，通过各省的存款规模和贷款规模相加得到存贷款总额，再由存贷款总额/GDP 得到存贷款总额占 GDP 的比重；其次，由存贷款总额占 GDP 比重数值借由软件输出其标准差。

这四个变量是根据相关的经济周期理论，即凯恩斯主义、货币主义的理论以及真实经济周期理论，来捕捉基本参数对经济波动和经济增长。值得一提的是，后三个变量采用占 GDP 比重形式，能够很好地克服数据的误差，提高模型的准确性。

本节的目的在于研究中国 1978—2017 年各省主要宏观经济变量波动（短期波动）对其各自实际 GDP 增长率（长期增长）之间的关系。除特殊说明外，本节数据均来自《新中国六十年统计资料汇编》

（1949—2008）和各省统计年鉴（2009—2018），文中的数据均为原始数据经过特殊处理后所得结果。本节共采用30个省（区、市）39年的数据（西藏自治区、香港、澳门、台湾除外）。

由于前期的数据收集受到一定的限制，为了能够有效地控制自由度，本研究只是选取了少量具有代表性的变量引入到模型之中。如上文变量引入中所提及，模型中共引入四个变量，样本容量是4 080个数据。

为了了解上文所述四个变量的大致情况，这里运用Stata15软件对已有数据做了描述性统计，输出结果如表4-6所示。

表4-6 主要变量的描述性统计

变量名	均值	标准差	最小值	25%分位数	中位数	75%分位数	最大值
growth	0.090	0.050	-0.060	0.060	0.090	0.130	0.340
sd_cf_ratio	0.100	0.080	0	0.040	0.090	0.140	0.340
sd_bd_ratio	0.050	0.040	0	0.020	0.040	0.060	0.200
sd_cdze_ratio	0.590	0.460	0	0.230	0.490	0.800	1.960

面板数据中由于包括了时间序列数据，因此有必要检验数据的平稳性。这里使用LLC检验（Levin-Lin-Chu test）和HT检验（Harris-Tzavalis test）两种检验方法进行检验，均通过则为平稳，否则为非平稳。检验结果见表4-7。结果显示：经济增长（*growth*）、资本形成的波动（*sd_cf_ratio*）和预算赤字的波动（*sd_bd_ratio*）这三个变量均为水平平稳变量，即I（0）。存贷款总额的波动（*sd_cdze_ratio*）则不平稳，在水平条件下未通过LLC检验和HT检验。但在一阶差分之后，存贷款总额的波动变得平稳。所以存贷款总额的波动为一阶单整变量，即I（1）。

表 4-7　变量单位根检验结果

	LLC 检验		HT 检验	
	T 统计量	P 值	z 统计量	P 值
growth	-6.716	0.0000***	-37.4777	0.0000***
sd_cf_ratio	-2.493	0.0063***	-6.849	0.0000***
sd_bd_ratio	-1.962	0.0248**	-6.044	0.0000***
sd_cdze_ration	4.120	1.0000	-0.210	0.4167
Δ*sd_cdze_ration*	-14.300	0.000***	-54.241	0.000***

注：***，** 和 * 分别表示在 1%、5%和 10%水平上显著；Δ 表示一阶差分。

4.2.3　模型构建

本节采用的是面板数据向量自回归（PVAR）模型的建构方法。这个方法是将传统的向量自回归（VAR）方法延伸到处理面板数据（Panel Data）领域，VAR 是将系统内所有的变量都看成是具备内生性的，而面板数据则是允许未解决的个体差异性存在的。

建立 PVAR 模型需要确定滞后阶数，滞后阶数的确定对于模型十分重要。滞后阶数太小，残差可能存在自相关，并导致参数估计的非一致性；滞后阶数过大，待估参数多，自由度降低严重，直接影响模型参数估计的有效性。面板数据确定滞后阶数的方法一般采用赤池信息准则（AIC）。对数据进行操作后，可以认为滞后两期的效果是最好的，详细输出结果如表 4-8 所示。

表 4-8　滞后阶数的确定

滞后期	AIC	BIC	HQIC
1	-10.3198	-9.61276	-10.0502
2	-12.3636*	-11.5526*	-12.0538*

注：* 表示在 10%水平上显著。

如表 4-8 所示，滞后两阶时，在 90%的可信度下，AIC、BIC、HQIC 均通过，因此，滞后阶数选取两阶即可。

在下文进行 PVAR 模型的回归中，又进一步对模型的回归阶数是否正确进行检验，输出结果如表 4-9 所示。

表 4-9 PVAR 的 GMM 有效性的估计结果

	(1) 滞后一期		(2) 滞后二期	
	系数	T 统计量	系数	T 统计量
$growth_{t-1}$	1.935**	-2.17	0.624***	-5.82
$growth_{t-2}$			0.284***	-3.5
$sd\_cf\_ratio_{t-1}$	0.774**	-2.22	0.378***	-5.03
$sd\_cf\_ratio_{t-2}$			-0.212***	-3.62
$sd\_bd\_ratio_{t-1}$	1.235	-1.55	0.763***	-3.67
$sd\_bd\_ratio_{t-2}$			-0.343***	-3.22
$sd\_cdze\_ratio_{t-1}$	0.135*	-1.93	0.054***	-2.9
$sd\_cdze\_ratio_{t-2}$			0	-0.00

注：***，** 和 * 分别表示在 1%、5%和 10%水平上显著。

综合上述结果可知，在滞后一阶时，在 90%的可信度下，预算赤字占 GDP 比重的标准差，不显著；滞后两阶时，在 99%的可信度下，所有变量均能拒绝原假设，均是显著的，故选择滞后两期。这也与上面所进行的滞后阶数检验相符，说明对模型进行面板矩估计（GMM）是有意义的。

结合上文中的变量引入以及滞后阶数检验的结果，建构如下模型：

$$z_{it} = \lambda_0 + \lambda_1 z_{it-1} + \lambda_2 z_{it-2} + f_i + e_t \tag{4-4}$$

其中 $z_{it}=(growth, sd\_cf\_ratio, sd\_db\_ratio, sd\_cdze\_ratio)^t$ 是基于面板数据的 4×1 的变量向量，i 代表不同的省份，t 代表年份，λ_1 和 λ_2 分别是滞后期不同的变量的系数矩阵，λ_0 是4×1 的各省固定效应向量（常数项），f_i 是 4×1 的年度固定效应向量。如上文所述，*growth* 代表实际 *GDP* 的增长率，*sd_cf_ratio* 代表资本形成总额的波动，*sd_db_ratio* 代表预算赤字的波动，*sd_cdze_ratio* 代表存贷款总额的波动，将这四个宏观经济变量纳入同一模型系统，分析各省经济增长速度对不同宏观经济变量波动冲击的响应的不同。

在将 VAR 运用到面板数据中时，需要对其施加一定的限制条件，即对于每一个横截面单元而言，其底层结构是相同的。由于这个限制可能在实操中会被打破，一种解决方法便是通过引入固定效应的方式允许变量中存在异质性，在模型中通过 f_i 表现出来。而受应变量滞后项的影响导致的 f_i 与自变量的相关性，会使传统用于消除固定效应的“均值差分法”在对系数的估计中产生偏误。因此，本节使用 Arellano 和 Bover（1995）提出的“前向均值差分法”来消除固定效应。该方法通过移除前向均值这一转换方式，避免差分项作为工具变量的滞后回归项间的正交，从而达到准确估计模型系统的目的。

4.2.4 实证检验结果与分析

4.2.4.1 PVAR 模型及其解释力

根据上文中建立的模型，对面板数据进行向量自回归（VAR）。

于是，面板矩估计（GMM）的输出结果如表 4-10 所示。

表 4-10 四变量 PVAR 模型的主要结果

解释变量	被解释变量			
	$growth_t$	$sd\_cf\_ratio_t$	$sd\_bd\_ratio_t$	$sd\_cdze\_ratio_t$
$growth_{t-1}$	0. 625 (5. 82) ***	0. 221 (3. 00) ***	0. 057 (1. 95) *	0. 963 (2. 73) ***
$sd\_cf\_ratio_{t-1}$	0. 378 (5. 03) ***	1. 013 (17. 68) ***	-0. 001 (-0. 02)	0. 646 (2. 5) **
$sd\_bd\_ratio_{t-1}$	0. 764 (3. 67) ***	0. 41 (2. 77) ***	0. 879 (12. 24) ***	0. 813 (-1. 29)
$sd\_cdze\_ratio_{t-1}$	0. 542 (2. 9) ***	0. 028 (2. 17) **	0. 012 (2. 38) **	0. 909 (13. 68) ***
$growth_{t-2}$	0. 284 (3. 5) ***	0. 22 (3. 82) ***	0. 03 (-1. 38)	0. 502 (2. 19) **
$sd\_cf\_ratio_{t-2}$	-0. 212 (-3. 62) ***	-0. 15 (-3. 02) ***	0. 013 -0. 74	-0. 031 (-0. 17)
$sd\_bd\_ratio_{t-2}$	-0. 343 (-3. 22) ***	-0. 081 (-1. 03)	-0. 048 (-1. 09)	0. 07 (-0. 29)
$sd\_cdze\_ratio_{t-2}$	0. 00007 (-0. 00)	0. 004 -0. 47	-0. 014 (-3. 86) ***	-0. 103 (-1. 94) *

注：上一行数字为回归系数，括号中为 T 统计量；***，** 和 * 分别表示在 1%、5%和 10%水平上显著。

由于本节主要研究的是短期波动对长期经济增长的影响，所以主要观察的数据为表 4-9 中的第一列，即模型中的各变量滞后一期和滞后二期对当期经济增长率（$growth_t$）的解释力。

首先，检验模型可行性。由上表可知，在 95%的可信度下，模型中的变量除滞后二阶的存贷款的波动这一变量的 P 值大于 0. 05，

其他变量的 P 值均远远小于 0.05。经过笔者的反复验证，这已经是相对最有效的模型，故模型的建立是可行的。

其次，从上面的回归结果可以看出，在 $growth_t$ 作为被解释变量时，*sd_cf_ratio*（资本形成总额的波动）对 $growth_t$ 有影响，滞后一期的 *sd_cf_ratio* 对 $growth_t$ 有正向影响，其系数是 0.38，这样的结果说明上年的资本形成总额的波动对当期的经济增长有正向的影响，即资本形成总额比重的波动越大，对当期经济增长率的拉动就越大。滞后二期的 *sd_cf_ratio* 对 $growth_t$ 有负向影响，其系数是-0.21，说明滞后二期的资本形成总额波动对于经济增长率的影响是反向的；*sd_bd_ratio*（预算赤字的波动）对 growth_t 有影响，滞后一期的 *sd_bd_ratio* 对 $growth_t$ 有正向影响，其系数为 0.76，说明上年的预算赤字的波动会对经济增长率产生正向的影响，并且这个影响还比较大，也就是说预算赤字的波动会对经济增长率产生很大的影响。滞后二期的 *sd_bd_ratio* 对 $growth_t$ 有负向影响，其系数为-0.34，说明滞后二期的预算赤字的波动对经济增长速度的影响是反向的；*sd_cdze_ratio*（存贷款总额的波动）对 $growth_t$ 有影响，和上述两个变量类似，滞后一期的 *sd_cdze_ratio* 对经济增长率有正向影响，滞后二期的 *sd_cdze_ratio* 对经济增长率有负向影响，但是就其系数数值而言，分别为 0.05 和-0.00007，这说明滞后一期和二期的 *sd_cdze_ratio* 对经济增长率（$growth_t$）影响不是很大，至少说是不如上面两个变量对其影响大。

综上所述，从系数来看，不管是滞后一期还是滞后二期，本节所研究的三个变量波动对长期实际经济增长的影响程度大小依次是：

预算赤字>资本形成>存贷规模。这样的结果验证了以凯恩斯主义为基本思想的主流观点，即政府的财政政策对稳定经济发展有显著效果，如果当局能够根据现有的实际情况制定合理的财政政策，实现实际经济增长的稳定发展是有可能的。同时，输出结果并没有能够得出货币学派关于货币供给是造成宏观经济不稳定的唯一重要因素的观点。

4.2.4.2 基于PVAR模型的脉冲响应图

对PVAR单个参数估计值的解释是困难的，要想对PVAR模型做出结论，可以观察系统的脉冲响应函数。脉冲响应函数为我们提供了在其他因素保持不变的情况下，研究一个因素的冲击对其中一个因素的动态影响，它能够比较直观地刻画出变量之间的动态交互作用及效应，并从动态中判断变量间的时滞关系。

正交化脉冲响应函数分析的优势在于它可以通过控制其他宏观经济变量的冲击（令其值为常数），来度量某一特定宏观经济变量的正交化信息（innovation）的响应。

由于（4-4）式误差项的方差—协方差矩阵可能是非对角矩阵，那么对脉冲响应函数解释的最大困难在于VAR系统的误差项从来都不是完全非相关的，当误差项相关时，他们有一个共同的组成部分，不能被任何特定的变量识别。处理这一问题本节采用Cholesky残差的方差—协方差矩阵分解，使误差项正交。该方法的结果一般会受到方程顺序或内生变量顺序的影响。因此变量的设定顺序非常重要，本节的设定变量顺序是*growth*（经济增长率）、*sd_cf_ratio*（资本形成总额的波动）、*sd_bd_ratio*（预算赤字的波动）、*sd_cdze_ratio*（存贷款总额的波动)。

最后，分析脉冲响应函数还需要建立相应的置信区间，利用GMM估计出的系数以及它们的方差—协方差矩阵随机生成大量系数，并重新计算冲击反应这个过程这里进行了1 000次，蒙特卡洛模拟给出两个标准误差置信区间用于评价冲击的统计显著性，即5%~95%。

图4-2是由蒙特卡洛模拟1 000次得出的脉冲响应图。它给出了宏观经济变量波动对实际经济发展的冲击影响。横轴代表追溯期数，这里为6；纵轴表示应变量对各变量的响应大小；中间实线表示响应函数曲线；外侧两条代表两倍标准差的置信区间。需要注意的是，脉冲响应函数是追踪系统对一个内生变量的冲击效果，即假定系统只受一个变量的冲击，不受其他变量的冲击。也就是说，脉冲响应函数用于具体分析各内生变量随机误差项一个标准差单位冲击对其他内生变量当期和未来几期的影响，从而可以非常直观的描绘出各个变量之间的动态交互作用关系。

图4-2中第一行分别是经济增长率对其自己的冲击影响，资本形成总额的波动、预算赤字的波动和存贷款总额的波动对经济增长率的冲击影响。由4-2图可以看出，经济增长率对自身的冲击响应是逐渐收敛的。反映财政政策和货币政策的三个指标：资本形成总额的波动、预算赤字波动以及存贷款总额波动情况对经济增长率的冲击均是收敛的。经济增长对所有变量的脉冲响应均于第6期收敛于0，这说明我们的模型是稳定的，可以用于分析和预测。首先，图4-2第一行的第一个图是*growth*对自身一个标准差单位冲击下的

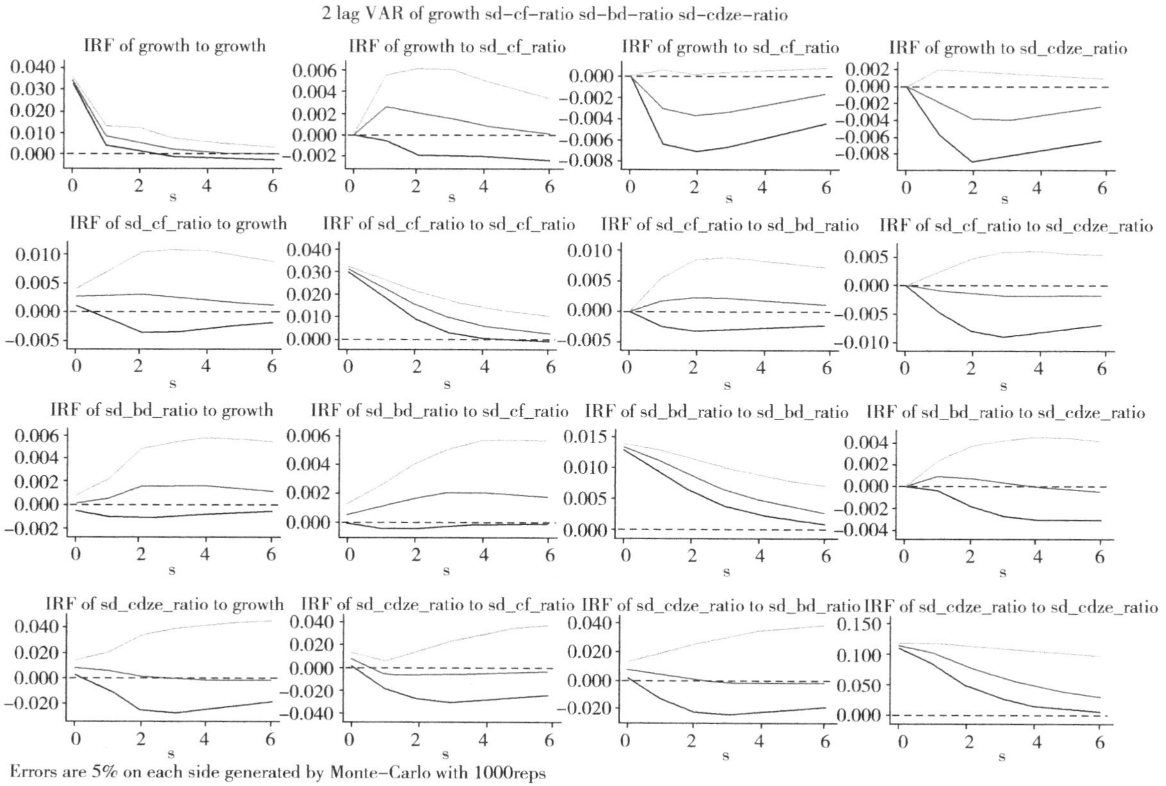

图4-2　滞后两阶的四变量脉冲响应图

注：图片来源于蒙特卡洛模拟1 000次得到。

响应。这个响应出现了回调，并最终趋向于0。这说明如果某一时期经济增长率出现突然上升，那么在随后几年由于自我调节机制的作用，也会逐步回归均衡值。其次，图4-2第一行的第二个图是*growth*对于*sd_cf_ration*一个标准差单位冲击下的响应。可以看出，经济增长在资本形成的波动一个标准差单位冲击下迅速地发生正向变动，并于第1期就达到了最大响应值。这说明资本形成波动的冲击会迅速提升经济增长。第三，图4-2第一行的第三和第四个图分别描述了*growth*在面对*sd_bd_ratio*和*sd_cdze_ratio*的一个标准差单位冲击后的响应。可以看出，政府预算赤字波动和存贷款总额波动的冲击会给经济增长率带来负向的影响。面对这两种波动的冲击，经济增长率的最大响应都出现在第二期，然后出现回调，并最终趋向于零。显然，预算赤字的波动和存贷款总额的波动对经济增长的负向影响主要体现在中短期。

图4-2中第二、三、四行分别是模型中四个指标波动对资本形成总额的波动、预算赤字的波动和存贷款总额的波动的冲击影响。如果要研究这四个变量之间的相互影响，可以展开说明和论述。但是由于本节主要研究的是宏观经济变量波动对经济增长率的冲击，此处不再赘述。

综上所述，文中面板数据向量自回归向量自回归模型的输出结果与脉冲响应函数的输出结果是一致的。同时也验证了我们初期的预想，即资本形成总额以及政府政策对于长期经济增长率有显著影响，只是这一影响随着时间逐渐减弱。

4.2.4.3 方差分解

通过方差分解可以分析影响内生变量的结构冲击的贡献度，进一步度量宏观经济变量的波动对经济增长率冲击作用的构成。输出结果如表 4-11 所示。

表 4-11 PVAR 方差分解结果

	s	*growth*	*sd_cf_ratio*	*sd_bd_ratio*	*sd_cdze_ratio*
growth	3	0.786	0.123	0.073	0.018
sd_cf_ratio	3	0.264	0.654	0.067	0.016
sd_bd_ratio	3	0.320	0.413	0.246	0.020
sd_cdze_ratio	3	0.317	0.417	0.126	0.140
growth	6	0.744	0.129	0.097	0.006
sd_cf_ratio	6	0.294	0.616	0.072	0.019
sd_bd_ratio	6	0.339	0.401	0.235	0.025
sd_cdze_ratio	6	0.336	0.387	0.121	0.156

注：通过蒙特卡洛模拟 200 次获得冲击反应。

为了与上文脉冲响应图相对应，这里进行了 6 个预测期的方差分解。在这里选取其中具备代表性的第 3 预测期和第 6 预测期的数据进行具体分析。

表 4-11 给出了第 3 个预测期和第 6 个预测期的方差分解结果。可以看出，虽然经济增长率的变动主要是来源于自身，但是由 3 个预测期资本形成总额的波动对经济增长率的影响是 12.3%，预算赤字的波动的影响是 7.3%，存贷总额的波动的影响是 1.8%；第 6 个预测期时资本形成总额的动对经济增长率的影响是 12.9%，相较于 3 个预测期时，第 6 个预测期的资本形成总额的波动对于经济

增长率的影响较大，这也与上文中脉冲响应图的输出结果相吻合。预算赤字的波动的影响为9.7%，存贷款总额的波动的影响为0.6%。此外，从两个预测期方差分解的数据对比可以看出，伴随着预测期的增加，经济增长率自身波动对其的影响力有下降的趋势，这也说明另外三个变量的脉冲影响有上升的趋势。从以上结果可以看出，资本形成总额的波动、预算赤字的波动、存贷款总额的波动这三个变量对于经济增长率的影响比较大，相比而言，资本形成总额的波动以及预算赤字的波动这两个变量对预测经济增长率有较大的贡献率，这一结论也验证了上文在做PVAR模型回归时的结论。

4.2.5 结论

改革开放四十多年来，中国经济有了惊人的发展。同时，经济发展过程中也经历了较大的波动。一般来讲，由于宏观经济变量之间反馈作用的存在，使得研究经济周期模型比较困难。因此，本节选取另一种方式来研究经济周期问题。相较于把焦点放在分析引起经济发展不稳定的原因，我们现在主要验证的是经济增长的影响程度以及影响时效。

本节用实际GDP的增长率指标衡量我国的经济发展的稳定情况，使用面板数据的向量自回归方法，研究资本形成、财政政策和货币政策的波动对经济发展的稳定性冲击作用。从实证结果看，资本形成、财政政策和货币政策的波动性对经济发展稳定性都有一定的冲击作用。其中，资本形成和财政政策对经济发展的稳定性具有相对较大的影响，货币政策波动对于经济发展的稳定性影响虽然相对较小，但是也有一定的冲击。

经过严格的计量分析，本节得出以下结论：

首先，短期波动对于长期经济增长率有一定的影响。通过四变量向量自回归模型的建立（PVAR），具体分析了短期和长期时，资本形成，政府财政政策和货币政策的波动对于经济增长率的影响程度。回归结果显示，滞后一期的资本形成，资本形成、财政政策和货币政策对于经济增长率的影响均为正向影响。此外，就其影响程度而言，财政政策>货币政策>资本形成，且三者的数值均不算小，说明影响还是比较显著的；滞后二期时，资本形成、政府财政政策和货币政策对于经济增长率的影响均为反向影响。此外，就其影响程度而言，财政政策>资本形成>货币政策，且三者的绝对值数值较滞后一期是要大大减小了。以上结果说明，短期内，资本形成和经济政策对经济增长率有显著的正向影响，但是就长期而言，这种影响力会渐渐趋向为反向影响，但是影响力大大减小。这便要求经济政策制定者在制定和执行经济政策时，应当综合考虑政策长期与短期的影响，选择最优的政策幅度。

其次，就长期而言，经济增长率对短期波动的脉冲响应函数输出显示，模型中三个变量的冲击是收敛的，尽管滞后两阶后，影响方向变成了反向，但是就其实际影响力度而言，远不如滞后一期的正面影响大，所以两者合力效果仍然是对经济增长率有较为明显的影响。但是，这个影响力伴随时间的推移将逐渐减弱。

最后，就方差分解的结果来看，对长期经济增长率的波动最主要的来源仍然是内在原因，但是外在的冲击也对其有一定的影响。这就要求我们在追求稳定经济增长的过程中，还是要把重心放在经济内在结构和内容的调整，同时也不能忽略资本形成和经济政策等外在因素对其的重要影响。

5

政府收支、短期波动与增长

5.1 政府收支波动对长期增长的影响

5.1.1 引言

经济的短期波动与长期增长之间的因果关系一直是宏观经济研究中的重要话题，而财政政策的冲击被认为是经济波动的一个主要来源。一般来说，早期研究中使用时间序列数据与GARCH模型做回归分析，得出了波动性与经济增长正相关的结论。而通过使用多个国家的跨年度面板数据，更多的文献得出的结论是：经济波动对于经济长期增长存在负向影响。

许多学者探究了波动性的种类或来源，分析不同源泉的波动对长期增长的效应。他们通常分解出GDP主要组成部分，计算具体部分波动性对经济增长的影响。Koren和Tenreyro（2007）认为经济波动来自于大型外部冲击、宏观经济政策的波动、微观经济黏性以及脆弱的制度。他们分别测算了UNIDO报告样本国家与OECD国家的与部门冲击有关的波动性，与国家有关的波动性以及具体国家和特定部门的冲击之间的协方差波动性，发现了贫穷国家的经济波动性比富裕国家更大的原因是他们经济发展依赖的产业、部门具有更大的波动性，并且经历了更频繁、极端的总体冲击。一般来说，可以把波动性的来源归纳为生产性因素与非生产性因素。Evrensel（2010）探讨的腐败就是非生产性因素的一种。Fatás和Mihov（2003）关注的财政去中心化程度与地方财政自主性同样可以归为非生产性因素。以上这些研究不限于关注波动性的平均值或者样本期间的标准差，而是重点考察波动性在不同时期的变化。因此，越来越多的研究延长了样本数据的时间范围，并采用 3 年或 5 年为一期的方法进行划分，对比不同时期的波动性，进而反映出波动性对经济增长发挥的作用的持续性。

与此同时，政府的财政政策和货币政策给宏观经济带来的波动性受到了研究者的广泛关注。新内生增长理论为阐明经济政策影响经济增长的途径奠定了基础。近期的研究通常单独将货币政策或财政政策作为重点关注的解释变量如 Akai 和 Hosio（2009）。也有一些文献将两者协调起来进行分析。例如，Rossi 和 Zubairy（2011）基于预测误差方差分解法（FEVDS）与动态随机一般均衡（DGSE）模型发现，1973 年以来，美国货币政策的冲击主要对国内生产总值的短期波动发生作用，而政府支出的冲击主要影响了中期经济波动。本节关注的即是财政政策中的一个主要内容：政府的收入与支出。一方面，政府可以利用财政政策“自动稳定器”的效果，来消除经济的周期性波动，对投资与长期经济增长产生积极影响；另一方面，财政政策本身可能是经济波动的来源，通过影响经济周期，进而阻碍经济增长。Alesina 和 Wacziarg（1998）表明财政政策约束对经济周期的影响微乎其微，因为正负效应会相互抵消一部分。因此，顺周期的财政政策实际上无法起到稳定宏观经济的作用。与之相反，Fatás 和 Mihov（2003）基于 91 个国家的跨部门数据以及“财政政策与经济周期无关”的假设，表明因财政政策自由裁量的变化导致的产出波动每增加 1 个百分点，就会使产出增长率降低 0.8 个百分点。Brunetti（1998）则建立了一个标准化的技术冲击驱动的单部门 RBC 模型，表明财政政策的稳定效果主要取决于劳动时间如何进入家庭的周期性效用函数和相关劳动力市场行为。以这些文献为基础，研究对象进一步细化到不同类型的财政政策在经济波动中的角色。Galí（1994）分析了税收、政府支出对于总产出波动的影响，结果表明所得税具有破坏稳定的效果，而政府支出则可以降低波动性。Caldara，Fernández-Villaverde，Rubio-Ramírez 和 Yao（2012）区分了财政冲击与财政波动性的冲击，并将脉冲响应函数加入财政波动性冲击的计算，以构建一个新凯恩斯模型，发现财政波动性对于产出的冲击与紧缩性货币政策的影响基本相同。主要机制是税收、政府支出下降缓冲了财政波动性冲击潜在的经济衰退效应。Badinger（2012）特别关注到财政政策的周期性，利用 88 个国家政治和经济的外部特征来确定内生的周期性政府支出对经济长期增长的效应。其研究表明，周期性财政支出政策放大了产出波动，会给长期增长带来负向影响。

而以中国经济部门以及地方政府为分析对象的实证研究，大多数将关注点落在了政府行为如何影响经济波动和增长，其中包括地方政府投资行为、货币供给等（刘霞辉，2004；郭庆旺和赵旭杰，2012）。不过，由于中国省级政府货币政策选择有限，地方政府财政开支及其波动性始终是国内学界关注的重点。同大多数发展中国家一样，中国地方政府的财政政策具有顺周期的特点。虽然讨论财政收支的绝对规模对于经济增长的作用相对更多，但也有部分学者从财政收支波动性的角度出发进行研究。龚六堂和邹恒甫（2001）发现政府支出的波动对经济的影响取决于消费间的跨时替代弹性。饶晓辉和刘方（2014）发现政府生产性支出冲击可以解释25%的产出波动。黄赜琳（2005）首次将政府支出作为外生随机冲击变量引入实际经济周期模型，发现技术冲击和政府支出冲击可以解释70%以上的中国经济波动特征，中国财政政策对居民消费的确存在挤出效应。陈利锋（2016）调整了传统的NK-DGSE模型后发现，无论是消费性政府支出冲击还是生产性政府支出冲击，都具有“依存于部门”的特点，即对于制造业部门、服务部门产出增长率的影响并不相同。整体而言，这些研究对于中国地方政府的收入关注较少，也就没有涉及政府收入与政府支出在宏观经济波动、经济增长中作用差异的对比。

本节测算了1980年以来中国各省、自治区和直辖市财政收入和财政支出的波动性，以及财政收入和财政支出各细分项的波动性。在此基础上，笔者试图分析这些由政府财政政策带来的波动对长期增长的影响。本节的主要贡献是：不仅衡量了政府收入的波动性和政府支出波动性对长期增长的影响，还关注了财政收入和支出各分项波动性的效应；不仅将收入支出的绝对水平纳入了计量方程，还测算了收入支出的波动性对经济增长的影响。特别是，目前国内还没有文献使用HP滤波法计算一般公共服务支出的波动性，并研究该财政科目对经济增长的影响，而本节作出了初步测算。在财政分项的选择上，笔者考虑了2006年中国财政计算方法的重大调整，仅选择了数据较完整的税收收入和一般公共服务支出，减少了因数据缺失可能造成的结果偏差。[①] 此外，本节使用的数据从 1982—2017 年，能够涵盖最新的宏观经济周期与动态变化，从而有效地减少动态面板模型的误差。

5.1.2　研究方法与理论模型

许多文献都证明了政府收入与支出的波动性对长期增长之间存在负相关关系，然而控制变量的选择可能会弱化各变量与经济增长之间关联的显著性。因此，计量模型中需要加入的控制变量就需要进行谨慎的筛选。表 5-1 是近年来在这个主题下的相关研究中控制变量的选择情况。

表 5-1　相关文献控制变量列表

代表性文献	控制变量
Jetter（2014）	投资、收入、人口增长率、预期寿命、贸易开放度、通货膨胀率
Koteski 等（2013）	平均投资水平、实际劳动力、初始产出水平、人力资本
Badinger（2010）	开放度、人均实际 GDP、政策自由度
Ayhan Kose，Prasad 和 Terrones（2005）	人均收入、教育水平、人口增长率、投资占 GDP 比重
Furceri（2007）	投资占 GDP 比重、初始人均 GDP、人口增长率、初始人力资本

总体而言，大部分文献控制变量的选取都基于 Levine 和 Renelt（1992）的论文，最核心的控制变量包括投资占 GDP 比重、期初人

① 2006 年中国对政府收支分类进行了改革，不再设置基本建设支出，新增了社会保障与就业，并且将行政管理费用转为一般公共服务支出项目。因多个省份 1998 年以前教育、科技支出数据缺失，我们也没有将这些指标加入计量模型。

均 GDP、初始人力资本、人口平均增长率。本节同样选择以此为基础构建控制变量。

与本节模型设置相关的一个问题是数据的时间跨度。通常，研究经济增长的文献中使用的数据跨期在 30~40 年，并关注所选时间框架内经济增长率的决定因素的平均值。然而，当多个政策变量都加入模型中时，会产生内生性问题。特别是在时间跨度较大时，政府支出和收入水平很可能受到人口情况的影响，特别是老龄人口数量。因此，增长模型中的残差就会影响 GDP、人口数据、政府支出。被解释变量、政府收入或政府支出占 GDP 的比例均与增长回归中的残差相关，必然导致有偏估计。第二个需要考虑的问题是，选择长期观察时间段会存在财政政策代表指标的内生性问题。例如，在时间跨度较长时，经济增长会影响税收收入，最初税收水平较高的省份在经历了经济增速放缓后可能存在减税倾向。相反的，经济保持较高增速的省份如果没有被高税收拖累，会形成一种“正向反馈”一直保持该水平。因此，时间区间较长的回归模型可能不能很好地捕捉到税收的随机影响。另外，长期增长的回归模型由于没有考虑各省省内增长、产出及政府规模的波动，可能使得计量结果与真实情况存在较大偏差。考虑到以上两点，本节在模型中加入了省份的哑变量来代表各省的异质性。

还有一个关键点是波动性的度量方法。现有估计潜在产出波动性的方法包括单变量滤波法、多变量滤波法、生产函数法以及动态随机一般均衡模型法。相比较而言，尽管以 HP 滤波为主的单变量滤波方法在平滑系数的设置上不具有经济含义，但更多学者认为这个方法较好地拟合了真实经济波动。在所有单变量滤波中，与 HP 滤波相比，BP 滤波参数选取过于随意，而且还会损失样本数（黄赜琳和朱保华，2015）。因此，本节选择 HP 滤波方法测算地方政府收入支出总额、税收、一般公共服务支出以及总产出的波动性。由于不同的 λ 值不同的滤波器，决定了不同的周期方式和平滑度，我将平滑系数设定为目前被认为最合理、使用频率最高的 6. 25。

基于以上几点分析，本节观测了 1982—2017 年中国 30 个地方政府的经济增长情况，以 6 年为一周期将数据划分为 6 组（如 1982—1987，…，2012—2017）。为了控制可能存在的异方差，本节在所有回归过程中都使用了 bootstrap 方法来得到标准误。此外，考虑到可能存在异常值的干扰，本节使用了缩尾方法来处理各变量的离群值。①

为了分别考察政府总收入波动和总支出波动的影响，本节建立以下两个基本计量方程：

$$g_{it} = \alpha_1 + \beta_1 R_{it} + \gamma_1 R_{it}^2 + \lambda_1 \sigma_{it}^R + \rho_1 \sigma_{it}^Y + \theta_1 X_{it} + \varepsilon_{it} \qquad (5-1)$$

$$g_{it} = \alpha_2 + \beta_2 R_{it} + \gamma_2 R_{it}^2 + \lambda_2 \sigma_{it}^E + \rho_2 \sigma_{it}^Y + \theta_2 X_{it} + \omega_{it} \qquad (5-2)$$

其中，i 代表省份，t 代表周期（t=1981—1986，1987—1992，…，2011—2016），α_1 和 α_2 代表每个省份的个体效应。此外，g 是人均实际 GDP 增长率，R 是政府收入的绝对水平（用政府收入占 GDP

① 对于存在左偏、右偏的变量，比例均设为 0. 02。

比重表示)，E 是政府支出的绝对水平（用政府支出占 GDP 比重表示)，σ^R 是政府收入波动，σ^E 是政府支出波动，σ^Y 是产出波动。X 为一组控制变量，包括初始人均实际 GDP 水平 log（Y)、投资占 GDP 比重（I/Y)、人口自然增长率（N)。[①] 其中，人均实际 GDP 水平以 1978 年价格为基期，以消除通货膨胀的影响。特别地，笔者在（5-1）式和（5-2）式回归时还加入了 R 和 E 的平方项，这是为了检验不同政府规模对经济增长的可能影响，以及一个对于中国各省政府来说是否存在一个最优的政府规模，最有利于经济增长。

5.1.3 数据

本节利用中国其中 30 个省、直辖市、自治区的面板数据。政府收入与支出、一般公共服务支出（2006 年以前对应“行政管理费”科目)、税收收入、人力资本数据均来自于中国统计年鉴及各省统计年鉴。[②] 控制变量中的部分数据来自国家统计局官网上发布的分省年度数据。

对于每一个财政变量，笔者都考查两个部分：一是每个变量占 GDP 比重（如政府支出占 GDP 比重参见表 5-2)；二是每个变量的周期性波动，它们通过每个变量在跨期 6 年的子周期的标准差来反映。表 5-3 报告了被解释变量与主要解释变量的波动性基本情况。

---

① 本节中“投资”指的是财政报表中的“固定资产投资”科目。

② 由于西藏自治区各项数据缺失严重，本节中选择以其他 30 个省级行政单位作为研究样本。

从表 5-2 可以看出，我国各省政府支出占 GDP 比重在过去 36 年里大体上都翻了一番。这说明我国政府的财政政策对宏观经济的重要性在不断强化。

表 5-2 各省政府支出占 GDP 比重（%）

省份	1980	1990	2000	2010	2017	增长幅度（%）1980—2017	增长幅度（%）2000—2017
北京	10.692	13.282	15.512	19.253	24.360	127.827	57.040
天津	14.169	12.927	10.991	14.735	17.696	24.897	61.011
河北	12.936	9.737	8.238	13.829	19.518	50.883	136.911
山西	18.031	12.789	12.194	20.991	24.191	34.165	98.388
内蒙古	26.857	19.072	16.962	19.478	28.143	4.789	65.920
辽宁	12.135	11.499	11.096	17.248	20.844	71.764	87.845
吉林	17.568	16.852	13.357	20.620	24.930	41.910	86.641
黑龙江	11.656	12.963	12.118	21.578	29.184	150.377	140.842
上海	6.150	9.667	12.943	18.942	24.639	300.658	90.363
江苏	9.053	7.128	6.913	11.708	12.365	36.588	78.873
浙江	9.638	8.868	7.023	11.571	14.546	50.932	107.115
安徽	11.818	9.357	11.146	20.937	22.962	94.297	106.007
福建	17.287	13.106	8.611	11.502	14.506	-16.089	68.446
江西	14.385	11.842	11.156	20.349	25.549	77.616	129.008
山东	10.295	8.196	7.353	10.475	12.747	23.819	73.346
河南	11.669	9.579	8.817	14.793	18.440	58.029	109.137
湖北	13.306	10.289	10.401	15.665	19.256	44.716	85.131
湖南	12.367	10.757	9.794	16.851	20.262	63.839	106.883
广东	9.986	9.666	9.994	11.648	16.763	67.866	67.741
广西	17.918	14.475	12.427	20.978	26.499	47.889	113.238

续表

省份	1980	1990	2000	2010	2017	增长幅度（%）1980—2017	增长幅度（%）2000—2017
海南	10.864	17.008	12.171	28.159	32.358	197.844	165.857
四川	14.613	12.001	11.507	24.881	23.489	60.733	104.132
重庆	8.156	10.221	10.477	21.406	22.237	172.660	112.246
贵州	21.009	18.402	19.571	35.450	34.064	62.139	74.048
云南	20.553	20.094	20.590	31.640	34.886	69.735	69.427
陕西	19.260	13.334	15.064	21.918	22.071	14.591	46.509
甘肃	16.644	18.921	17.878	36.503	44.296	166.136	147.774
青海	33.052	24.492	25.888	55.049	58.306	76.406	125.228
宁夏	36.028	23.072	20.622	32.997	39.865	10.652	93.311
新疆	30.466	18.215	14.004	31.477	42.614	39.875	204.304

表 5-3 主要变量波动性描述

	最小值	25 百分位	50 百分位	75 百分位	最大值	观察值
产出波动	0.001	111.6	684.6	3 900	1.7e+06	1 200
财政支出波动	0	0.042	0.234	0.876	55.03	1 200
财政收入波动	0	0.021	0.094	0.437	99.77	1 200
税收收入波动	0	0.011	0.066	0.262	24.91	840
一般公共服务支出波动	0	0.001	0.005	0.022	2	1 120

注：波动性由 HP 6.25 滤波法计算得到。

5.1.4 实证结果分析

在表 5-4 中，笔者报告了政府总收入、政府总支出以及它们的波动性对产出增长的影响。[①] 为了控制各省的个体效应，用固定效应模型进行回归。

第（1）列中显示的只对控制变量进行回归时，所有控制变量的符号与经典文献的结论完全一致，并且都在5%的水平统计显著。特别是，log（Y）的符号显著为负，这也验证了我国各省经济增长在长期中存在收敛趋势的结论。

笔者在第（2）列的回归中加入产出的波动性。结果显示，产出波动性对经济增长的影响在5%水平上显著为负，从而验证了Ramey和Ramey（1995）的研究中得到的“产出波动对长期经济增长存在负向影响”的结论。第（3）列、第（4）列考查了财政收入及其波动性对增长的影响。在未加入政府收入的平方项时，政府收入与收入波动性对于经济增长的影响均为负数，并且在1%统计水平下显著。但财政收入占GDP比重的平方项不显著。尽管如此，在将平方项加入模型后，政府收入的波动性的负面作用仍然显著，甚至更稳健（p 值更接近0.000）。第（5）列、第（6）列描述了财政支出及其波动性对经济增长的效应。结果显示，虽然回归结果的显著性小于收入波动性（仅在10%统计水平下显著），但政府支出波动性对经济增长是存在正向影响的。不过，政府支出的规模本身及其平方项对经济增长却没有显著影响。这说明政府支出的波动性、绝对规模对于经济增长的影响并不取决于政府规模的大小。与政府收入情况相同，即使加入了支出的平方

① 政府总收入和政府总支出指标使用它们占GDP的比重。与总产出波动性计算相同，我们使用HP滤波来对年度数据进行平滑处理以计算波动性，平滑系数 λ 取6.25。

项，政府支出波动性仍然对经济增长有显著的正面影响。第（7）列除了控制变量以外仅加入了产出、政府收入、政府支出的波动性，计量结果显示三个变量均保持与第（3）列、第（6）列相同中符号及显著性，并且政府支出波动性的影响更显著了（p 值从 0.061 降低到 0.013）。第（8）列在第（7）列模型基础上加入了政府收入、支出占 GDP 的水平。除政府支出水平外，所有解释变量均在 5%的水平显著。这样，根据表 4 的回归结果，可以得到以下结论：政府支出的波动性对增长存在显著的正向影响。另外，这里的实证结果还表明，政府收入及其波动性均不利于经济增长。

表 5-4　政府总收入、总支出及其波动性与经济增长

	(1)	(2)	(3)	(4)	(5)	(6)	(7)	(8)
log（Y）	-1.398** (-2.52)	-0.504 (-0.98)	-0.47 (-1.05)	-0.695 (-1.42)	-0.399 (-0.70)	-0.399 (-0.68)	-0.377* (-0.75)	-0.231** (-0.45)
I/Y	5.887*** (-2.83)	4.462*** (-2.77)	3.532** (-2.25)	4.446** (-2.27)	5.685*** (-2.67)	5.685*** (-2.62)	3.089** (-1.59)	3.736** (-1.37)
N	-1.743** (-2.02)	-1.977*** (-3.10)	-1.505** (-2.28)	-1.451** (-2.32)	-1.902*** (-2.62)	-1.902*** (-2.65)	-1.920*** (-2.79)	-1.504** (-2.24)
σ^Y		-0.000** (-2.30)	-0.000* (-1.94)	-0.000* (-1.84)	-0.000** (-2.15)	-0.000** (-1.97)	-0.000*** (-2.69)	-0.000** (-1.94)
σ^R			-1.029*** (-4.39)	-1.179*** (-4.53)			-1.247*** (-6.12)	-1.137*** (-5.29)
R			-0.211*** (-3.66)	-0.622** (-2.07)				-0.205*** (-3.40)
R^2				0.017 (-1.2)				

续表

	(1)	(2)	(3)	(4)	(5)	(6)	(7)	(8)
σ^E					0.410* (−1.72)	0.410* (−1.81)	0.351** (−2.23)	0.508** (−2.49)
E					−0.077 (−1.00)	−0.076 (−0.43)		−0.055 (−0.69)
E^2						0.00 (−0.00)		
cons	19.540*** (−4.18)	14.720*** (−3.53)	16.438*** (−4.23)	19.760*** (−4.69)	14.080*** (−3.12)	14.075*** (−2.81)	14.691*** (−3.78)	15.017*** (−3.75)
N	180	180	180	180	180	180	180	180

注：(1) 被解释变量为人均实际 GDP 增长率；log (Y) 为人均实际 GDP 的对数；I/Y 为投资占 GDP 比重；N 为人口自然增长率对数；σ^Y 为产出波动；R 为政府收入占 GDP 比重；σ^R 为政府收入波动；E 为政府支出占 GDP 比重；σ^E 为政府支出波动；cons 为常数项。

(2) *、**、*** 分别表示 10%、5%、1%水平上显著。

为了进一步分析政府规模及其波动性对增长的影响。笔者在表 5-5 中分析了政府支出和政府收入的细分项（税收和一般公共服务支出）与它们的波动性对经济增长的效应。可以看到，加入不同的解释变量组合时，产出波动性对增长的影响仍然显著为负。根据第（3）列和第（4）列的结果，税收占 GDP 比重对经济增长具有显著的负面效应，并且这种效应与政府的相对规模无关。当税收的平方项加入回归时，税收波动性的作用依然显著。1994 年的分税制改革，扩大了地方政府税收的自主性，但也引起了政府之间不正常的税收竞争，这就导致地方税收波动幅度加大。此外，从税收结构来看，地方税种收入中共享税占比过大，除了营业税、企业所得税，其他均属于小额税种。税源分散导致地方税收征收困难，非常不稳定，地方税收的波动性提高会影响当地的增长（樊勇，2011）。

表 5-5　税收、一般公共服务支出及其波动性和增长

	(1)	(2)	(3)	(4)	(5)	(6)
log (Y)	-2.168*** (-2.62)	-1.242* (-1.89)	-0.813 (-1.46)	-2.307*** (-2.91)	-0.931 (-1.54)	-0.860 (-1.40)
I/Y	10.059*** (2.94)	10.279*** (4.14)	6.159** (2.49)	10.928*** (3.30)	6.803*** (2.88)	5.912** (2.42)
N	-3.356*** (-2.86)	-1.943** (-2.36)	-1.626** (-2.12)	-2.227* (-1.74)	-2.019*** (-2.64)	-2.183*** (-2.66)
σ^Y		-0.000** (-1.63)	-0.000** (-1.39)	-0.000** (-0.96)	-0.000** (-1.99)	-0.000** (-1.97)
T			-0.396*** (-5.64)	-0.842* (-1.94)		
σ^T			-0.722*** (-3.02)	-1.038*** (-3.32)		
T^2				0.016 (0.60)		
P					0.100 (0.28)	1.110 (0.66)
σ^P					21.399*** (3.93)	21.594*** (2.96)
P^2						-0.183 (-0.39)
cons	26.819*** (3.74)	17.763*** (3.47)	19.279*** (4.15)	31.895*** (4.58)	16.150*** (3.43)	15.339*** (3.18)
N	126	126	126	126	126	126

注：(1) 被解释变量为人均实际 GDP 增长率；log (Y) 为人均实际 GDP 的对数；I/Y 为投资占 GDP 比重；N 为人口自然增长率对数；σ^Y 为产出波动；T 为税收占 GDP 比重；σ^T 为税收波动；P 为一般预算收入占 GDP 比重；σ^P 为一般预算收入波动；cons 为常数项。

(2) *、**、*** 分别表示 10%、5%、1%水平上显著。

而根据第（5）列和第（6）列呈现的结果可以看出，一般公共服务支出及其平方项都不显著。这与国内外文献的结论存在较大出入。其中可能的原因是，由于有 9 个地区的财政分项数据缺失，大大减少了样本容量。① 而在这几个缺失数据的省份中，上海市、浙江省、广东省等都属于经济体量较大的省份。如果一般公共服务支出在当地经济增长中有重要作用，那么在剔除它们之后总体上一般公共服务支出对于经济增长的影响很可能会被削弱。

一般公共服务支出波动性对增长则表现出显著的正向影响，这与龚六堂和邹恒甫（2001）关于政府支出分项方差对于经济增长的影响的研究结论一致。这个结论可能与中国地方政府公共服务支出的波动方向及其顺周期性有关，同时也说明了政府支出中各个科目的波动性对于经济增长的影响必然是不同的，正负相互抵消，最后决定了政府支出水平的波动对宏观经济的整体作用。通过表 5-3 呈现的描述性统计结果，与税收水平进行比较即可发现，中国各省的一般公共服务支出波动性水平更低。Acemoglu 等（2003）提出总产出波动性的一个来源是对政府行政人员的管制不足，而长期来看，这会抑制经济增长。在中国，一般公共服务支出主要用于保障机关事业单位正常运转，支持各机关单位履行职能。② 基于此定义可以推出，如果一般公共服务支出比较稳定，那么中国各地的经济增长可

① 分别是新疆维吾尔自治区、云南省、甘肃省、广西壮族自治区、广东省、浙江省、上海市、山西省、重庆市。

② 此定义来自《中国财政年鉴》。

能具备有益的内部治理环境。不过，以一般公共服务支出为代表的刚性支出在财政收入中的比重直接影响地方政府的财政空间。刚性支出越多，行政管理费等固定开支占比越大，政府用于民生建设的资金相对减少，地方政府的财政灵活性（或者说波动性）降低。由此推测，在产出波动较大的情况下，如果行政类开支做出了适应性的调整，起到了提高行政效率的作用，累积的公共资本将在较长时间段内对宏观经济增长产生积极效果。中国地方政府可借助一般公共服务支出间接调控经济增长水平，使其成为稳定宏观经济的一个途径。

以上两个模型的回归结果均较好地印证了国内外研究的结论，证明了产出波动性、政府收入波动性以及税收波动性对中国地方经济增长存在的显著负向影响。但政府支出及其分项（一般公共服务支出）的波动性则可能有利于经济增长。这些经济指标的波动性的效应，均与政府规模无关。

5.1.5 稳健性检验和内生性问题的讨论

本节使用多种方法对初始模型的回归结果（即表 5-4）进行稳健性检验，不仅包括在原模型中加入了人力资本这一新的控制变量，还使用了两种方法解决初始模型可能存在的内生性问题。

在最初设置回归模型时，一个关键的问题是是否应当考虑省份个体效应。虽然加入各省个体效应能够控制无法观测的异质性，但同样可能会影响最终回归的结果。所以稳健性检验的第一步，笔者选择将原模型中的个体效应剔除。表 5-6 呈现的结果是，去除了省份个体效应之后，产出波动、政府收入波动、政府收入对经济增长依然呈现出显著的负面作用。与初始模型结果相同，政府支出波动的正面效应依然在 10%水平下显著；政府收入的平方项、政府支出及其平方项均不显著。这个结果与初始模型的回归结果基本相同。

理论上，初始模型中没有考虑到的变量会影响到产出波动、政府收支波动与绝对水平对于经济增长的效应。从现有文献成果来看，这些因素可能是各省政治腐败程度、对外开放度、市场化程度、人力资本（教育水平）、金融行业发展水平等。在进行经济增长率的预测与确定财政政策的方向时，有必要考虑中国各省份的实际情况对于经济增长的影响，而不能够完全依赖整体经济周期趋势作出判断。因此，表 5-6 的结果表明初始模型是稳健的。并且可以推测，正是由于中国地方政府的经济数据可能存在失真的情况，才导致了在加入个体效应时（初始模型）没有得出与国外大部分研究一致的结论。由于时间效应在最初的混合回归模型中就已经表现为不显著，笔者不再考虑对时间效应的稳健性检验。

表 5-6　不包含个体效应（OLS 方法）

	(1)	(2)	(3)	(4)	(5)	(6)	(7)	(8)
log (Y)	-1.3***	-0.5***	-0.470	-0.695	-0.399	-0.399	-0.37**	-0.231*
	(-2.75)	(-0.87)	(-0.89)	(-1.30)	(-0.61)	(-0.63)	(-0.64)	(-0.39)
I/Y	5.8***	4.462**	3.532**	4.446**	5.685**	5.685**	3.089	3.736
	(3.17)	(2.34)	(1.98)	(2.43)	(2.03)	(2.08)	(1.58)	(1.38)

续表

	(1)	(2)	(3)	(4)	(5)	(6)	(7)	(8)
N	-1.71** (-2.15)	-1.9*** (-2.99)	-1.50** (-2.39)	-1.45** (-2.19)	-1.9*** (-2.85)	-1.9*** (-2.76)	-1.9*** (-3.11)	-1.50** (-2.27)
σ^Y		-0.00** (-2.57)	-0.00** (-1.96)	-0.000* (-1.86)	-0.00** (-2.16)	-0.00** (-2.22)	-0.0*** (-2.82)	-0.00** (-2.02)
σ^R			-1.0*** (-4.06)	-1.1*** (-4.39)			-1.24*** (-5.03)	-1.13*** (-4.85)
R			-0.21*** (-3.19)	-0.62** (-2.24)				-0.20*** (-2.97)
R^2				0.017 (1.44)				
σ^E					0.410* (1.88)	0.410* (1.88)	0.351** (2.49)	0.508** (2.35)
E					-0.077 (-1.04)	-0.076 (-0.49)		-0.055 (-0.72)
E^2						-0.000 (-0.00)		
cons	19.3*** (4.37)	14.7*** (3.24)	16.4*** (4.00)	19.7*** (4.37)	14.0*** (2.88)	14.0*** (2.80)	14.6*** (3.33)	15.0*** (3.36)
N	80	180	180	180	180	180	180	180

注：(1) 被解释变量为人均实际 GDP 增长率；log (Y) 为人均实际 GDP 的对数；I/Y 为投资占 GDP 比重；N 为人口自然增长率对数；σ^Y 为产出波动；R 为政府收入占 GDP 比重；σ^R 为政府收入波动；E 为政府支出占 GDP 比重；σ^E 为政府支出波动；cons 为常数项。

(2) *、**、*** 分别表示 10%、5%、1%水平上显著。

另一方面，笔者需要对经济增长与政府规模、经济增长与财政波动性之间可能存在的双向因果关系进行检验。对于前者，如果政府支出与税收对于产出波动的弹性小于1，在跨度长达6年的周期中如果保持了经济的高速增长，就会出现政府支出、收入占GDP比重下降。类似的，使用OLS方法进行回归的结果显示，政府支出波动性与经济增长的因果关系并不清晰。即使在回归时考虑产出波动性、初始产出水平、时间效应、个体（省份）效应等控制变量，在财政波动性与经济增长作为模型的因变量时，它们都可以使用同一组解释变量。基于以上原因，本节将政府支出与政府收入的初始值引入模型以解决内生性的问题。根据表5-7呈现的结果可以发现，产出波动的作用与初始模型的结果相同——在没有考虑与政府支出有关的控制变量时，产出波动在不同模型中均对经济增长存在显著的负向影响。另外，政府收入的波动性同样会对经济增长产生显著的负向影响。除加入了政府支出平方项的模型外，政府支出及其波动性均对经济增长存在显著的正向影响。此外，与Afonso和Furceri（2010）研究得出的结论一致，政府支出与政府收入的初始水平都对经济增长存在影响，且两者的影响程度较为接近。

表5-7 对内生性问题的讨论（政府支出和收入使用年初数据）

	(1)	(2)	(3)	(4)	(5)	(6)	(7)	(8)
log（*Y*）	−1.39**	−0.504	−0.315	−0.354	−0.618	−0.653	−0.37**	−0.30**
	(−2.48)	(−1.01)	(−0.78)	(−0.85)	(−1.14)	(−1.20)	(−0.74)	(−0.58)
I/Y	5.88***	4.46***	2.565	2.407	8.45***	6.34***	3.089	5.591**
	(2.81)	(2.78)	(1.61)	(1.51)	(4.62)	(3.19)	(1.57)	(2.41)
N	−1.74**	−1.9***	−1.51**	−1.5***	−1.55**	−1.5***	−1.9***	−1.213*
	(−2.04)	(−3.05)	(−2.42)	(−2.58)	(−2.41)	(−2.70)	(−2.89)	(−1.94)

续表

	(1)	(2)	(3)	(4)	(5)	(6)	(7)	(8)
σ^Y		-0.00** (-2.41)	-0.0*** (-2.63)	-0.0*** (-2.75)	-0.000* (-1.81)	-0.000* (-1.88)	-0.00** (-2.57)	-0.00** (-2.02)
σ^R			-0.7*** (-3.28)	-0.68** (-2.42)			-1.2*** (-6.17)	-0.8*** (-4.22)
R			-0.1*** (-4.58)	-0.29** (-2.24)				-0.1*** (-4.64)
R^2				0.009 (1.23)				
σ^E					0.52*** (2.69)	0.242 (1.03)	0.351** (2.31)	0.61*** (3.82)
E					-0.1*** (-3.44)	-0.4*** (-3.78)		-0.1*** (-2.62)
E^2						0.007** (2.26)		
cons	19.5*** (4.16)	14.2*** (3.65)	15.3*** (4.29)	16.2*** (4.40)	15.1*** (3.63)	17.7*** (4.11)	14.6*** (3.73)	15.0*** (3.73)
N	180	180	180	180	180	180	180	180

注：(1) 被解释变量为人均实际 GDP 增长率；log (Y) 为人均实际 GDP 的对数；I/Y 为投资占 GDP 比重；N 为人口自然增长率对数；σ^Y 为产出波动；R 为初始政府收入占 GDP 比重；σ^R 为政府收入波动；E 为初始政府支出占 GDP 比重；σ^E 为政府支出波动；cons 为常数项。

(2) *、**、*** 分别表示 10%、5%、1%水平上显著。

解决内生性更好的一种方法是使用工具变量。笔者考虑采用政府支出占 GDP 比重的滞后项及各省的规模（用年末总人口的对数表示）作为政府支出与政府收入的工具变量，重新进行回归分析。

下一年度政府支出占 GDP 比重，显然不会影响该年 GDP 增长。并且在中国的财政体制下，当期政府支出会通过影响中央划拨给地方的财政资金水平，进而影响下一年的政府支出规模。因此，两者之间的相关性可以认为是显著的。实际上，有的研究在最开始的模型中就已经加入了这一变量，如 Fatás 和 Mihov（2003）。选择人口数量对数作为工具变量的原因是总人口代表了该省的规模大小，也往往会影响政府规模（用政府支出衡量）以及政府支出的波动性。相对而言，人口较多的大省需要投入更多资金在民生项目上。而且，人口绝对数量与 GDP 增长率并没有明确的相关关系。不过，由于在混合回归中政府支出的滞后项并不显著，在此我仅使用年末总人口对数作为工具变量进行检验。具体回归结果见表 5-8。

表 5-8 对内生性问题的讨论（以总人口对数为工具变量）

	(1)	(2)	(3)	(4)
R	-0.279** (-2.20)	-0.211*** (-3.65)		
log（*Y*）	-0.405*** (-0.55)	-0.470 (-1.06)	-0.607 (-0.98)	-0.399** (-0.70)
I/Y	3.313 (1.22)	3.532** (2.13)	9.357*** (3.46)	5.685*** (2.72)
N	-1.398* (-1.77)	-1.505** (-2.34)	-1.646** (-2.33)	-1.902*** (-2.75)
σ^Y	-0.000* (-1.71)	-0.000** (-1.98)	-0.000 (-1.58)	-0.000** (-2.04)

续表

	(1)	(2)	(3)	(4)
σ^R	-0.981*** (-3.47)	-1.029*** (-4.36)		
E			-0.216** (-2.21)	-0.077 (-1.04)
σ^E			0.687*** (2.58)	0.410* (1.81)
cons	16.443*** (2.88)	16.438*** (4.34)	15.334*** (3.19)	14.080*** (3.17)
N	180	180	180	180

注：(1) 被解释变量为人均实际 GDP 增长率；log (Y) 为人均实际 GDP 的对数；I/Y 为投资占 GDP 比重；N 为人口自然增长率对数；σ^Y 为产出波动；R 为政府收入占 GDP 比重；σ^R 为政府收入波动；E 为政府支出占 GDP 比重；σ^E 为政府支出波动；cons 为常数项。

(2) *、**、*** 分别表示 10%、5%、1%水平上显著。

表 5-8 的第（1）列、第（2）列是将总人口对数作为政府收入的工具变量时回归的结果。在没有加入平方项的 2SLS 与随机效应模型里，产出波动性与政府收入波动性均表现出了显著的负面影响。第（3）列、第（4）列呈现了总人口对数作为政府支出的工具变量回归的结果。与初始模型结果相同，政府支出的波动性对于经济增长始终存在显著的正向影响，但在 2SLS 回归中 P 值更小。由此可知，本节选择的工具变量较为理想地证实了初始模型的回归结果。

人力资本同样是经济增长模型中的重要变量。因此，这里不能忽略其在经济波动影响经济增长的各个传导路径中发挥的作用。由于数据完备性的问题，我没有在原模型中加入人力资本作为控制变量。在稳健性检验环节，我使用各省当年高等教育毕业人数（万人）

的对数来度量人力资本水平，进行了新的回归，回归结果见表5-9。[①]样本量在原模型基础上有所减少，但可以发现人力资本对经济增长表现为显著的正向影响，这符合预期。[②] 在加入了新控制变量后，产出波动性仅在第（4）列不显著。从表5-9可知，在包含政府收入平方项的模型（4）中，政府收入波动每提高一个单位，人均实际GDP增长率就会降低大约1.05%。另外，政府支出波动性在模型（5）—（8）中均在1%统计水平下显著，并且符号为正。这些结果均与表4对应的结果相同，从而验证了初始模型回归结果的稳健性。

表5-9 政府总收入、总支出与增长（加入人力资本）

	(1)	(2)	(3)	(4)	(5)	(6)	(7)	(8)
log（Y）	-2.5*** (-4.52)	-1.48** (-2.45)	-1.17** (-2.09)	-1.44** (-2.38)	-1.37** (-2.12)	-1.39** (-2.10)	-1.30** (-2.10)	-1.005* (-1.65)
I/Y	5.55*** (3.12)	4.45*** (2.86)	3.636** (2.24)	4.565** (2.39)	3.605 (1.47)	3.574 (1.54)	2.629 (1.47)	2.051 (0.73)
N	-1.499* (-1.70)	-1.60** (-2.34)	-1.31** (-2.02)	-1.223* (-1.86)	-1.54** (-2.19)	-1.56** (-2.21)	-1.56** (-2.49)	-1.253* (-1.87)
H	1.16*** (3.11)	0.88*** (2.73)	0.61** (2.29)	0.68** (2.34)	1.16*** (2.96)	1.17*** (2.70)	0.97*** (2.81)	0.948** (2.52)
σ^Y		-0.00** (-2.00)	-0.000* (-1.73)	-0.000 (-1.42)	-0.000* (-1.95)	-0.000* (-1.87)	-0.00** (-2.22)	-0.000* (-1.80)
σ^R			-0.9*** (-3.95)	-1.0*** (-4.42)			-1.0*** (-5.69)	-0.9*** (-4.29)

① 一般测量人力资本可以分为收入法、支出法、教育指标法（平均受教育年限、识字率、入学率等）。为了尽可能避免数据不完整的影响，通过查找中国各省份统计年鉴，用本指标代表各省人力资本的基本情况。

② 多个省份1985年以前高等教育毕业人数的数据存在缺失的情况。

续表

	(1)	(2)	(3)	(4)	(5)	(6)	(7)	(8)
R			-0.1*** (-3.03)	-0.603* (-1.82)				-0.1*** (-3.14)
R^2				0.017 (1.14)				
σ^E					0.52*** (2.64)	0.52*** (2.59)	0.51*** (3.05)	0.58*** (3.31)
E					-0.025 (-0.33)	-0.086 (-0.48)		-0.010 (-0.12)
E^2						0.001 (0.36)		
cons	26.7*** (5.58)	19.9*** (4.44)	19.9*** (4.99)	23.56*** (5.13)	18.97*** (3.96)	19.6*** (3.58)	19.4*** (4.55)	18.7*** (4.31)
N	170	170	170	170	170	170	170	170

注：(1) 被解释变量为人均实际 GDP 增长率；log（Y）为人均实际 GDP 的对数；I/Y 为投资占 GDP 比重；N 为人口自然增长率对数；σ^Y 为产出波动；R 为政府收入占 GDP 比重；σ^R 为政府收入波动；E 为政府支出占 GDP 比重；σ^E 为政府支出波动；cons 为常数项。

(2) *、**、*** 分别表示 10%、5%、1%水平上显著。

5.1.6 结论

有关政府规模波动性对经济增长的影响一直没有明确的结论。对于过去 30 多年来实现了经济飞速增长的中国，地方财政的波动性在其中发挥的作用更引人关注。理论上来说，财政支出增加后会提高总产出水平，也会在短期对个人消费产生挤出效应。另一方面，政治活动的不稳定性与地方政府的自主权，被认为是长期经济波动的重要来源。本节在控制了年初产出水平、人口自然增长率以及固定资产投资水平后，验证了中国省级政府收入支出及其分项的绝对水平与波动性对于经济增长的影响。

通过使用中国其中 30 个省级行政单位 1982—2017 年的经济数据，本节主要得出了以下结论：

第一，中国各省的产出波动对经济增长有负面作用。这种作用在去除各省个体效应之后仍然显著。这一点被大量国内外文献证实，不论是使用 OECD 数据，还是主要针对发达经济体；不论是对中国整体宏观经济进行分析，还是对地方政府进行研究。

第二，地方政府收入及其波动性显著地阻碍了经济增长，其效应并不随政府规模的改变而变化，这种消极影响可能来自于地方政府税收收入的不稳定。

第三，地方政府支出的波动性对于经济增长存在显著的正向影响。政府支出是地方政府经常使用的财政政策工具，较强的波动性不但直接影响产出，而且有可能提升消费者和企业对经济的信心，进而促进增长。

第四，各省税收占 GDP 比重及其波动性对经济增长均存在负向效应。这种作用可能来自于由分税制造成的各省之间的不正当竞争（比如互设障碍、争夺税基，或通过政策洼地、过度让利式的吸引外资），放大了地方税收波动性的负面效应。

基于以上结果，针对中国地方政府当前的财政收支结构与经济波动情况，提出以下政策建议：①地方政府进行资金预算安排时，应注意保障一般公共服务支出的稳定，确保政府机关运转的必要资金到位。但更重要的是提高政府部门的运作效率与服务水平。②需要灵活地根据经济增长水平进行调整支出，片面地降低政府支出的水平并不等同于GDP快速增长。在特殊时期采取波动性较大的反周期的调控方向，也可能带来正面效应。例如在经济过热时，通过控制总需求及转移支付进行调控，以防止产生过高的通货膨胀率、放大经济的不正常波动，进而减缓长期经济增长。③中央应逐步调整税收结构扩大税基，减小税收的波动性，并重新考量财政分权的最佳程度。地方政府则需要以本省经济社会发展情况为基础，寻找最适合本省的财政收入来源，避免过度压低税收，带来异常的政府收入波动。

本节给相关研究提供了进一步探索的方向。在财政收入与支出细分项中，由于数据可得性的问题，我仅讨论了税收收入与公共服务支出的作用。教育、医疗、科技、社会保障等主要财政支出项目的波动性对于中国地方经济增长的影响，仍有待进一步检验。其次，本节也没有使用部分国内文献中提到的“生产性支出、消费性支出”分类方法构建计量模型。在数据完备的前提下，可以考虑将中国与其他经济体进行对比研究。此外，本节初始模型中控制变量的设定没有加入对经济增长可能有重要作用的指标（例如对外贸易开放度、人力资本存量等），这也给今后的进一步研究提供了方向。

5.2 波动性影响增长的直接和间接效应

5.2.1 引言

2008全球性金融危机之后，对短期经济波动（volatility）和长期增长（growth）之间关系的研究再次成为宏观经济学研究的热点。而中国经济在进入新常态的大背景下，一方面波动的幅度增大，另一方面长期增长趋势放缓。因此，对于中国经济来说，探究周期性波动对于增长趋势的影响机制就成为一个极其重要的命题。笔者在图 5-1 画出中国 1979—2017 年 GDP 增长率与其波动性和长期趋势。① 可以看出，经济增长的波动性与经济增长率之间有极强的相关性。短期波动是否会影响长期增长趋势的方向？如果短期波动对长期增长存在负向影响，那么减缓经济波动的宏观经济政策同时可以实现促进经济增长的目标，从而逆经济风向行事的宏观政策不但在短期是最优的，在长期也是最优的。反之，如果短期波动对长期增长的影响方向为正向，那么宏观政策就面临短期目标与长期目标的权衡。关于短期波动影响长期趋势的机制，并没有统一的结论。

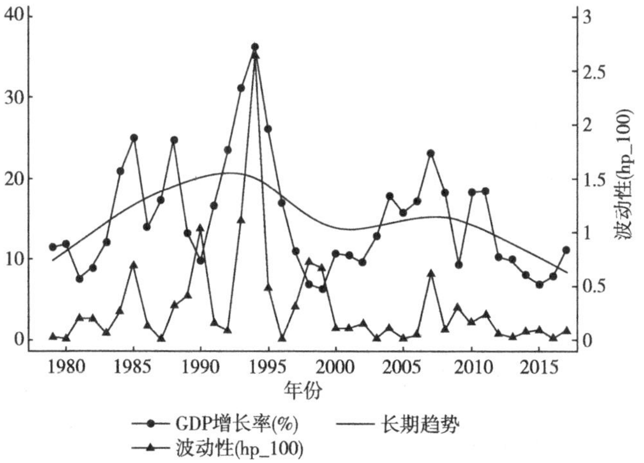

图 5-1　中国 GDP 年增长率、长期趋势及其波动性（1979—2017）

---

① 数据来自《中国统计年鉴（2018）》，GDP 增长率未扣除物价上涨因素，长期趋势和波动性根据 λ 为 100 的 HP 滤波计算。

有很多文献认为短期波动对增长存在正向影响。这种正向影响可以用两个理论来解释。Joseph Alois Schumpeter（1939）提出创造性破坏理论，它认为短期的经济波动是经济周期的一部分，它是一种清洁机制，可以减少企业的低效率的资源配置，从而有助于长期经济增长。另外，短期波动对长期增长存在正向影响还可以用机会成本或跨期替代效应来解释，经济衰退时重建的机会成本小于扩张期的机会成本（Hall，1991）。Aghion 等（2010）进一步指出，这种机会成本与信用约束有关，在不存在信用约束时，短期的衰退有促进长期增长的效果。

然而波动和增长之间还可能存在负效应，原因是企业投资具有风险回避的性质，较高的波动性有可能会使得企业减少投资，最终降低长期增长率（Larry E. Jones，Manuelli 和 Siu，2005；Stadler，1990）。事实上，在研究短期波动影响长期增长时，实证性得出的结论到底是正向还是负向，与研究者所选取的样本密切相关（Norrbin 和 Pinar Yigit，2005）。

对于这种分歧，本节试图找出隐藏其中的间接影响渠道——政府支出规模，并通过阐述这个间接渠道来理解短期波动影响长期增长的净效应。在以往的研究里，有大量关于波动直接影响增长的文献，但很少有研究探讨两者之间的间接影响渠道——政府支出规模。政府可以制定各种政策来调控经济，但政府支出规模的扩大不利于社会资源的有效配置，所以波动不仅会对经济增长造成直接影响，还会造成间接影响。这两种影响力的作用可能是相反的，因此如果使用单方程模型来估计增长，得出的结论是不可信的。

实际上，短期波动影响长期增长的这两种方向相反的直接效应往往同时存在。除此之外，短期波动还通过政府支出规模这个中间环节对长期增长产生间接影响。如果经济发生了周期性波动，人们会希望政府采取措施帮助来保障自己的生活，比如人们会要求政府为自己提供更多的安全保障，或是放弃充满不确定性的私营企业的工作，转向更加具有稳定性的政府岗位（Carmignani，Colombo 和 Tirelli，2011；Jetter，2014；D. Rodrik，1998）。这意味着经济波动幅度较大的时期，需要政府发挥更大的作用以抑制经济波动，但这样肯定会使政府规模扩大，从而挤占私人企业的资源，造成资源配置的低效率，最终降低长期内的经济增长率（Afonso 和 Furceri，2010；Barro，2001；Bergh 和 Henrekson，2011）。从理论上说，短期波动影响长期增长最终的净效应为正还是为负，是不确定的，如图 5-2 所示。

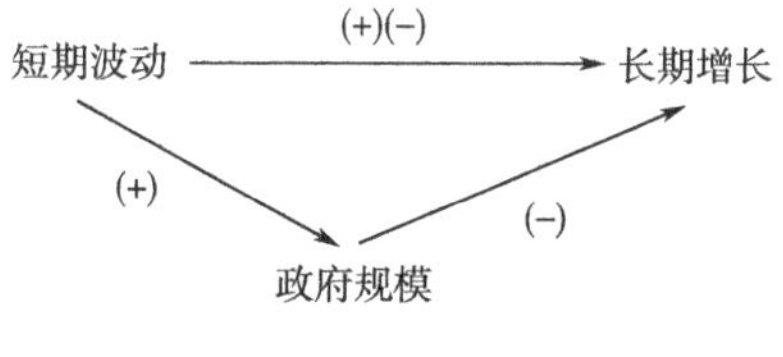

图 5-2　波动对增长的直接和间接效应

有大量实证文献用中国的省级面板数据来估计波动性对长期增长的影响方向，但得出的结论有很大差别。对波动性影响长期增长的内在机制，很多文献从金融发展、人力资本、资源利用等不同的角度进行了说明（方福前等，2017；王翔和李凌，2009）。而政府支出和收入也是短期经济波动的重要来源，并对长期增长存在重要影响（池建宇和赵家章，2018）。本节把政府支出规模、短期波动和增长联系起来进行研究。

本节利用中国30个省1978—2017年间的面板数据，验证短期经济波动影响长期增长的间接渠道——政府支出规模的重要作用。如果使用单方程模型进行估计，由于存在严重的内生性问题，解释力会大大降低，即使在包括进了常用的控制变量之后也是如此。但如果使用联合估计模型，并将政府潜在的内生性问题考虑进去之后，可以发现，短期经济波动对长期增长的直接效应和间接效应都得到了很强的数据支持。

5.2.2 方法和数据

为了检验短期经济波动对长期经济增长的影响，本节首先利用一个单方程模型来估计经济增长，并将波动作为解释变量，使用30个省从1979—2017年的数据。对于影响增长的控制变量的选取，本节主要参考 Levine 和 Renelt（1992）以及 Mirestean 和 Tsangarides（2016）。本书实证分析里还包括省际固定效应和时间效应，来解释不同省份的历史、地理、气候以及发展过程中的独特特征。为了缓解序列相关问题，笔者把经济增长方程中的解释变量滞后一年。在控制政府规模的内生性之后，本节使用三阶段最小二乘法（3SLS）模型来同时估计经济增长和政府规模。最后，在实证分析里还将引入 GMM 估计模型，GMM 被认为是最能替代 3SLS 的模型。另外，需要注意的是，本节里出现的 ln 表示变量采用了自然对数的形式。

本节使用省份 i 和年份 t 来建立经济增长模型，经济波动为解释变量：

$$gr_{i,t} = \alpha_0 + \alpha_1 vol_{i,t} + \alpha_2 \ln gov_{i,t} + \alpha_3 gr_{i,t-1} + \alpha_4 X_{i,t-1} + \alpha_5 \lambda_i + \alpha_6 \phi_{i,t} + \delta_{i,t} \quad (5-3)$$

在这个模型里，$vol_{i,t-1}$ 表示增长率的波动，时间滞后了一年。$\ln gov_{i,t}$ 和 $gr_{i,t-1}$ 代表政府总支出的对数和前一年的经济增长率。$X_{i,t-1}$ 是影响经济增长的其他因素，这里均作为控制变量，包括固定资产投资占 GDP 份额的对数（ln*i*）、GDP 的对数（ln*gdp*）、人口自然增长率（*popgr*）、进出口总额占 GDP 的份额的对数（ln*open*）以及通货膨胀率的对数（ln*infl*）。最后，和 λ_i 和 $\phi_{i,t}$ 代表引入的省际固定效应和特定时间趋势，$\delta_{i,t}$ 代表随机误差项。

本节分析的关键在于计算波动，Ramey 和 Ramey（1995）选择用各国产出增长率各个时段的标准差来计算，但这个方法的缺陷在于，会大大减少样本容量。近年来研究者主要使用滤波来消除时间趋势，如 Hodrick-Prescott（HP）滤波和 Baxter-King（BK）滤波。事实上，在关于经济周期的文献里，HP 滤波已成为消除时间趋势的标准方法。尽管滤波方法曾饱受争议，但它经受住了时间和争论的考验。

本节利用 HP 滤波来消除各省份的年增长率趋势，参照 Afonso 和 Furceri（2010）以及 Mills（2000）。为适应时间趋势，本节参考 Backus 和 Kehoe（1992）的方法，采用 $\lambda_{HP}=100$ 的基准值。本节使用的是每个省从 1979—2017 的 GDP 增长率指标，每个时间序列包含 38 个数据点。因为笔者只关注总体的经济波动，而不是波动离差的正负，所以本节直接使用每个值的平方来测量波动。为了方便对比，将每个值除以 100，得到变量 $vol_{i,t}$。

除了 HP 滤波，本节还使用几种替代方法测量波动。首先改变 HP 滤波的 λ 值，并考虑样本离群值的问题，因为接近样本的开始和结束时的数据用处不大。然后使用另一种滤波方法，即 BK 滤波来代替 HP 滤波。这些替代测量方法可以增加结果的可信度。

笔者使用单方程模型估计（5-3）式之后，使用 Durbin-Wu-Hausman 检验来对政府规模内生性进行了检验，发现了内生性存在的强烈证据。因此，本节将利用 3SLS 方法同时估计经济增长方程和政府规模方程构成的联立方程模型。其中，政府规模的回归方程是：

$$\ln gov_{i,t} = \beta_0 + \beta_1 vol_{i,t-1} + \beta_2 gr_{i,t} + \beta_3 \ln gov_{i,t-1} + \beta_4 Z_{i,t-1} + \beta_5 \lambda_i + \beta_6 \phi_{i,t} + \varepsilon_{i,t} \tag{5-4}$$

其中，$gr_{i,t}$ 表示产出增长率，$\ln gov_{i,t}$ 表示前一年的政府规模，$Z_{i,t-1}$ 为影响政府规模的控制变量，包括 GDP 的对数（ln*gdp*）、进出口总额占 GDP 百分比的对数（ln*open*）、常住人口规模（ln*pop*）。正如在对增长的回归方程中，将解释变量滞后一年以保持连贯性并降低逆向因果的可能，未来的政府规模不会影响到现在的解释变量。实证分析部分还将使用 3 年或 5 年的平均数据，来证明在长期情况下推导结论是否仍能得到证实。

（5-3）式和（5-4）式构成联立方程模型，笔者使用三阶段最小二乘法（3SLS）进行估计，估计结果的有效性高于使用两阶段最小二乘法（2SLS）或似不相关回归模型（SUR）估计。

几乎所有宏观经济变量都可能存在内生性问题，而这些问题通常发生在一定的限度内。

本节内生性问题主要体现在GDP增长率与政府支出规模的关系以及经济波动可能同时影响这两个变量。为了更好地解决内生性问题，笔者使用GMM方法对（5-3）式和（5-4）式重新进行估计。具体来说，笔者估计一个CMM系统，使用解释变量的当前值，并且使用它们的滞后项作为工具变量进行回归。这样，尽管不能完全消除内生性问题，但仍然能够使笔者的估计结果更加可靠。

笔者在表5-10中对本节涉及的主要解释变量进行描述性统计，数据来自于各省统计年鉴、各省统计公报、中国统计年鉴，以及国家统计局官方网站。

表5-10 主要变量的描述性统计

变量	定义	均值	标准差	最小值	最大值	观察值
gr	GDP年增长率（%）	15.15	7.445	-23.32	34.38	1 170
vol	HP滤波（λ=100）	0.325	0.439	0	2.062	1 200
ln*gov*	政府支出的对数	5.436	1.968	0.513	9.618	1 198
ln*i*	固定资产投资占GDP份额的对数	3.620	0.524	2.088	5	1 193
ln*gdp*	1978年人民币计算的GDP的对数	6.206	1.391	2.565	9.489	1 200
popgr	人口自然增长率	8.714	4.833	0.0500	24.80	1 199
ln*open*	进出口总额占GDP百分比的对数	2.482	1.191	-1.853	5.943	1 182
ln*infl*	CPI的对数	4.653	0.057	4.569	4.865	1 200
ln*pop*	总人口的对数	8.040	0.798	5.874	9.321	1 200

5.2.3 实证分析

5.2.3.1 OLS估计结果

笔者在表5-11列出（5-3）式的回归结果，在回归中逐步加入解释变量。第（1）列为基本模型，解释变量只包括前一年的波动性和增长率；考虑到每个省的个体特征，在第（2）列、第（3）列分别加入了个体固定效应和时间趋势项；在第（4）列加入政府支出规模；第（5）列、第（6）列加入了影响长期增长的其他因素加以控制，这些控制变量的选取基于 Barro 和 Lee（1994）。这两列的区别是第（5）列未包括时间趋势项。

对于这里关心的系数，笔者发现波动性对增长的影响是非常重要的。可以看出，在表 5-11 的所有列中，*vol* 的系数为正，而且都在 1%的水平统计显著，这符合笔者的预期，说明短期波动对增长率存在正向的直接影响。笔者对控制变量的估计结果与现有文献的相关结论大体一致。特别是，表 5-11 中第（5）列、第（6）列的回归结果显示，固定资产投资占 GDP 份额和进出口总额占 GDP 份额对增长率均存在显著的正向影响，投资和进出口对于我国经济增长的促进作用是毋庸置疑的。

表 5-11　OLS 回归结果

	(1)	(2)	(3)	(4)	(5)	(6)
vol_{t-1}	3.511*** (5.13)	3.614*** (5.19)	3.273*** (4.71)	3.082*** (4.31)	3.339*** (4.89)	3.153*** (4.61)
gr_{t-1}	0.492*** (16.60)	0.481*** (16.29)	0.483*** (16.61)	0.463*** (15.98)	0.547*** (13.81)	0.516*** (13.12)
$\ln gov_t$				-4.003*** (-4.57)	-1.477*** (-4.06)	-3.132*** (-2.78)
$\ln i_{t-1}$					1.721*** (2.83)	3.510*** (4.80)
$\ln gdp_{t-1}$					0.794** (2.03)	-2.311** (-1.98)

续表

	(1)	(2)	(3)	(4)	(5)	(6)
$popgr_{t-1}$					0.036 (0.62)	-0.008 (-0.10)
$\ln open_{t-1}$					0.608 *** (3.55)	2.018 *** (4.59)
$\ln infl_{t-1}$					-20.038 *** (-4.22)	-23.450 *** (-4.87)
trend			-0.063 *** (-3.58)	0.597 *** (4.03)		0.417 ** (2.40)
DWH 检验				6.308 **	2.378	11.889 ***
_cons	6.487 *** (15.54)	5.989 *** (6.88)	8.055 *** (14.30)	17.173 *** (7.42)	94.069 *** (4.33)	119.386 *** (5.41)
N	1 140	1 140	1 140	1 139	1 121	1 121
R^2	0.334	0.339	0.342	0.360	0.367	0.404

注：括号中数字为使用稳健标准误计算得到的 t 值；*、** 和 *** 分别代表在 10%，5% 和 1% 的水平统计显著。

如果笔者的分析到此为止，那么结论就是经济波动对经济周期存在显著的正向影响，验证了 Aghion 和 Saint-Paul（1998）、Aghion 等（2010）的思想，而与 Ramey 和 Ramey（1995）等经典文献的结论则相反。笔者在第（4）列加入政府支出规模，分析这种正向影响是否会被政府强化或减弱。从第（4）列、第（6）列的结果看，在加入政府支出规模之后，*vol* 的系数符号及其显著性并没有发生实质性变化。

另外，可以看到，政府支出规模对增长率存在显著的负向影响，这与我的预期相符。政府支出增加会相应地挤出私人投资和消费，影响经济增长。显然，根据上面的估计结果，政府支出增加带来的挤出效应超过了它对产出的正向影响。不过，DWH 检验的结果显示，政府支出规模存在内生性问题，从而不能保证 OLS 估计量的无偏性。

5.2.3.2　3SLS 估计结果

由于存在严重的内生性问题，这一部分笔者把（5-3）式和（5-4）式联立起来，对这个联立方程进行估计。在表 5-12 中提供了增长和政府支出规模的联立估计结果。把增长方程列出的系数与表 5-11 进行比较，而把用来预测政府支出的各变量与当前相关文献的主流结论来进行比较。

在表 5-12 中，第（1）和（2）列使用三阶段最小二乘法（3SLS）对全样本进行回归。可以发现，与表 5-11 的结果一样，波动性对增长的直接影响为正，且在 1%的水平统计显著。可以看到，这里 *vol* 的系数与表 5-11 各列相比有所下降。显然，表 5-12 的结果更加准确的描述波动性对增长率的直接效应。

表 5-12　联立方程估计结果

	(1)	(2)	(3)	(4)	(5)	(6)
被解释变量：*gr*						
vol_{t-1}	3.155*** (7.82)	2.951*** (7.46)	3.340*** (7.89)	3.328*** (7.91)	2.017*** (4.63)	3.552*** (3.76)
$\ln gov_t$	-1.383* (-1.95)	-1.581*** (-4.34)	-1.477*** (-3.95)	-1.490*** (-4.00)	-2.618** (-2.39)	-1.663*** (-9.43)
被解释变量：*gr*						
gr_{t-1}	0.529*** (16.69)	0.558*** (18.31)	0.546*** (17.41)	0.554*** (17.77)	0.173*** (3.74)	-0.340*** (-5.49)

续表

	(1)	(2)	(3)	(4)	(5)	(6)
个体效应	Yes	No	No	No	Yes	Yes
时间效应	No	No	No	No	Yes	Yes
控制变量	Yes	Yes	Yes	Yes	Yes	Yes
N	1120	1120	1120	1120	358	210
R^2	0.397	0.365	0.365	0.365	0.810	0.473
被解释变量：ln*gov*						
vol_{t-1}	0.012** (2.35)	0.011** (2.11)	0.012** (2.00)	0.015*** (2.88)	0.028** (2.09)	0.126*** (3.05)
$\ln gov_{t-1}$	0.901*** (81.35)	0.892*** (67.47)	0.865*** (54.17)	0.892*** (71.28)	0.778*** (22.62)	0.644*** (7.92)
gr_{t-1}	0.006*** (4.56)	0.007*** (4.47)	0.013*** (6.58)	0.004*** (8.72)	0.027*** (8.42)	0.005 (0.51)
个体效应	Yes	Yes	Yes	Yes	Yes	Yes
时间效应	Yes	Yes	Yes	No	Yes	No
控制变量	No	Yes	Yes	Yes	Yes	Yes
N	1 120	1 120	1 120	1 120	358	210
R^2	0.999	0.999	0.999	0.999	0.998	0.993

注：括号中数字为使用稳健标准误计算得到的 *t* 值；*、** 和 *** 分别代表在 10%，5% 和 1%的水平统计显著。

另外，从这两列的结果可以看出，波动对增长确实存在正向的直接效应。但是，波动性还会通过政府支出规模间接的影响增长率。而且，这种间接效应为负，这也符合我的预期。因为在第一个方程中，政府支出规模的系数为负，而在第二个方程中，动性的系数为正，并且它们都在5%的水平统计显著。短期的经济波动提高会增加政府支出规模，这会反过来降低增长。

短期波动对增长的直接效应为正，而间接效应为负。那么要分析短期波动对增长的影响方向，就必须同时考虑这两种效应。需要比较哪种效应的影响更大。波动对增长的间接效应和直接效应符号相反，从两者数值上来看，直接效应远远超过了间接效应的影响。[①]怎样从数量上解释波动对增长的净影响呢？第（2）列的结果显示，波动的 1 个标准差（0.439）会使得增长率提高 1.259 个百分点。[②]

根据前面对波动性以及对联立方程（5-3）式和（5-4）式估计方法的讨论，笔者在第（3）和（4）列中给出了两种其他方法的估计结果。在第（3）列和第（4）列中，分别使用似不相关回归估计法（SURE）和两阶段最小二乘法（2SLS）来估计联立方程模型来处理潜在的内生性。在笔者前边的主要结论在这两列的估计结果中没有发生变化：波动性对增长同时存在正的直接效应和通过政府支出规模形成的负向间接效应。

目前为止，笔者分析的范围主要为每年的观测值，得到了关于波动的短期效应的结论。一个问题在于这种结论是否适用于长期。在已有 39 年数据（1978—2017）基础上，在第（5）和第（6）列里分别使用 3 年周期（如 1979—1981，1982—1984）和 5 年周期

---

① 增长方程中 *vol* 的系数即为直接效应，支出方程中 *vol* 的系数与增长方程中 ln*gov* 的系数相乘后的数值为间接效应。根据第（2）列的结果，直接效应为 2.951，而间接效应为 $0.011\times(-1.581)=-0.017$。

② 净效应 $=0.439\times(2.951-0.017)=1.259$。

（如1979—1983，1984—1988）的平均值。[①] 每个省可以得到13个3年周期以及8个5年周期。[②] 相比于前4列，第（5）、（6）列的回归中，样本容量大大减小。尽管如此，笔者在回归中仍然控制了个体效应和时间效应。另外需注意的是，使用几年的平均数会降低潜在离群值和测量误差的影响。最后推导结果进一步证实了短期波动对增长的直接效应和间接效应的存在。

5.2.3.3 **稳健性检验**

笔者在这一部分使用一些其他的设定方法来进行稳健性检验，这些设定包括增长率去趋势的方法，政府规模的定义，增加新的变量以及离群值的潜在效应。表5-13各列通过各种设定复制了表5-12的第（2）列的回归结果以进行稳健性检验。首先，对HP滤波可能存在的样本尾部问题有大量的批评意见（Watson，2007）。特别是，去掉趋势后，样本最前面和最后面的数据可能不太精确。在笔者的数据中，每个省都有39年增长率的数据，第（1）列的设定去掉了样本中前3年和后3年的数据。这意味着波动性仍然是使用每个省39年的数据进行估计，但仅有中间的33年用于回归。这一列的结果显示：系数的显著性水平没有发生变化，只是系数的数值稍有变化。

对于年度数据来说，基于 $\lambda_{HP}=100$ 来计算滤波招致很多批评。

① 为从各省份和各个变量得出总计值，采取平均值的方法，每一年的观测值能够得到年平均的样本。

② 我们的样本共39年，因此一共有13个3年周期。5年周期共有8个，其中，前7个周期均为5年，而第8个周期则只有4年，即2014—2017。

表4的第（2）列使用$\lambda_{HP}=6.25$去除增长率的趋势。回归结果同样证实了表5-12的结论：波动性对增长存在直接和间接效应，前者的方向为正，后者的方向则是负的，但直接效应大于间接效应。

笔者在第（3）列使用另一种方法来计算波动性，即BK滤波。这个设定来检验由HP滤波计算波动性推导出的结论是否能推广到其他滤波的情形。这一列主要变量的系数的方向和显著性与第（2）列结果一致，只是波动性的系数上升至5.354，与第（3）列的结果有较大差别，但这不影响笔者的主要结论。

笔者在第（4）列中改变了政府支出规模的设定方法。使用政府支出占GDP份额来的对数进行回归。在表5-13各列的回归中，使用了政府支出对数。可以看到，用政府支出占GDP份额来度量政府支出规模的情形下，笔者的主要结论没有发生变化，波动性对经济增长的正向直接效应得到进一步确认。但注意到这种情形下，增长方程的政府支出份额这个变量的系数仍然为负，但不显著。

笔者在第（5）列进一步控制了城镇化率这个变量。结果显示，笔者感兴趣的变量系数的数值和显著性没有发生变化。

总之，对增长和政府规模进行联立估计的结果是对单方程模型估计结果的一个实质性修正。在考虑了政府规模的内生性之后，可以发现，波动性不但对经济增长存在直接的正向影响，而且有一个间接的负向效应。这个间接效应通过政府部门的规模来实现。政府支出规模越大，波动性对经济增长的负向效应越强，反之，则越弱。而且，从数值上来看，直接效应更强，波动性对增长率的净效应方向为正。对总体来看，上述结论是稳健的。

表 5-13 稳健性检验

	(1)	(2)	(3)	(4)	(5)
被解释变量：*gr*					
vol_{t-1}	3.437*** (8.33)	2.927*** (4.96)	5.354*** (7.99)	3.087*** (7.60)	2.827*** (6.61)
$\ln gov_t$	-1.546* (-1.95)	-1.674*** (-4.55)	-1.505*** (-4.15)	-0.627 (-1.05)	-1.461*** (-3.79)
gr_{t-1}	0.511*** (14.55)	0.558*** (18.01)	0.543*** (17.67)	0.564*** (18.24)	0.531*** (16.60)
个体效应	Yes	No	No	No	No
控制变量	Yes	Yes	Yes	Yes	Yes
N	1 006	1 120	1 120	1 120	1 028
R^2	0.367	0.344	0.368	0.356	0.340
被解释变量：lngov					
vol_{t-1}	0.011** (2.07)	0.017** (2.37)	0.014* (1.65)	0.009* (1.72)	0.013** (2.44)
gr_t	0.006*** (4.26)	0.008*** (4.61)	0.006*** (5.00)	-0.002 (-1.23)	0.007*** (3.81)
$\ln gov_{t-1}$	0.889*** (64.54)	0.891*** (67.17)	0.902*** (81.75)	0.856*** (55.74)	0.867*** (57.81)
个体效应	Yes	Yes	Yes	Yes	Yes
控制变量	Yes	Yes	No	Yes	Yes
N	1 006	1 120	1 120	1 120	1 028
R^2	0.999	0.999	0.999	0.981	0.999

注：括号中数字为使用稳健标准误计算得到的 *t* 值；*、** 和 *** 分别代表在 10%，5% 和 1%的水平统计显著。

5.2.4 结论

本节从一个新的视角分析经济周期性波动和经济增长之间的关

系。可以得到的结论是：经济的周期性波动对经济增长同时存在正向的直接效应和负向的间接效应。经济波动对增长的正向直接效应可以用创造性毁灭理论和预防性储蓄理论来解释。本节的重心在于说明经济波动通过政府支出规模对增长的间接影响。

如果经济波动的幅度扩大，会导致政府为了化解波动性而扩大政府支出的规模。而更大的政府支出规模反过来会降低经济增长率。本节认为，在经济波动影响经济增长的过程中，政府是极其重要的，增加政府支出进而扩大政府规模本身会对经济增长带来负向影响。

可以得到的实证分析表明：经济周期确实对经济增长有重要影响，并且这个影响是正向的。企业和家庭在面对不确定性的情况下，会通过改变投资和消费决策来规避风险。具体来说，在不确定性增大，短期波动幅度扩大的情况下，企业会有意识地减少投资，消费者也会减少当前消费。效率较低的企业有可能就此退出市场，而效率较高的企业则会更加重视研发，这些都对长期增长有促进作用，这实际上就是经济波动本身的清理效应。因此，市场有化解不确定性的内在机制，短期波动对增长存在正向的直接影响。

不过，政府会通过增加支付支出规模来降低经济波动的幅度，而这会对增长产生不利影响。因此，经济波动对增长的这种间接效应到底有多大，与政府支出的规模密切相关。政府支出的规模越大，波动性对增长的负向间接效应就越大。

因此，应充分发挥波动性对增长的正向直接效应，尽可能降低短期波动通过政治支出规模而对长期增长造成的负向间接效应。在面对系统的市场不确定性的情况下，应尽可能地发挥市场本身的调节作用和清理效应，让企业的决策权发挥主导作用。为了应对短期经济波动，企业减少当前投资，在研发、创新方面增加支出是关键所在。为了缩小经济的短期波动幅度，政府往往倾向于增加政府支出，但这会对经济增长带来负向影响。从长期来看，政府应适当控制政府支出规模，减少对市场的直接干预，更多地从制度上为企业的技术创新提供支持。

6

结论与政策建议

6.1 结论

在我国经济进入新常态和结构性供给侧改革的大背景下，一方面我国周期性短期波动的幅度有所提高，另一方面长期增长的趋势变得平缓。探究这两者的关系，为我国未来“促增长，调结构”的宏观经济政策提供更多的依据，便是本书的意义所在。

当前，把短期波动和长期增长这两个重要主题放在统一的框架内进行研究已经成为学术界的重要的前沿主题之一。短期经济波动与长期增长两者密切相关。事实上，经济波动和经济增长存在互动影响机制（刘建江等，2015）。短期经济波动会通过影响供给冲击、技术革新、人力资本积累和知识积累等方面，进而影响长期增长。另一方面，长期增长也会通过一般技术效应进而影响经济的周期性波动。尽管两者是互为因果的关系，但显然短期波动对长期增长的影响更加重要，这方面的研究也更多。本书主要关注中国的周期性波动对长期增长的影响机制和影响方向。

本书使用省级面板数据来验证短期波动对长期增长趋势的影响。可以得出以下结论：

第一，我国省级层面经济的短期波动对长期增长的影响呈倒U形性质。这种影响的方向与波动的幅度有关。如果波动的幅度较小，那么经济波动性的增加将有助于经济的长期增长率的提升；越过临界值后，波动幅度的增加只会降低经济的长期增长。

经济波动的来源是复杂的，技术、政策、市场的不确定性都会带来经济的短期波动。一般认为，波动性对长期增长的正向影响主要来自于技术创新的冲击，而波动性对长期增长的负向影响则主要来自于政策和市场的不确定性。对中国经济的长期增长来说，波动的正向和负向效应同时存在。在短期波动的幅度较小，还没有达到临界值时，由技术创新冲击带来的波动对增长的正向冲击起主要作用。经济主体对宏观经济的预期会保持乐观。企业会增加对 R&D 方面的支出，技术创新一方面会延长向上的经济周期，同时会提升长期增长的速度。

如果短期经济波动的幅度不断提高，最终超过临界值之后，引起经济波动的主要因素不再是技术冲击，而是需求端的市场冲击，而这种冲击对长期增长存在负向影响。无论是国内市场，还是国际市场，市场本身的不确定性都会影响消费者和投资者的信心，不利于长期增长。随着市场不确定性的不断累积，宏观经济形势会不断恶化，企业为了规避未来的风险，投资会不断减少，而消费者的消费意愿也会下降。这样，经济的长期增长趋势会不断减缓。

第二，地方政府收入及其波动性显著地阻碍了经济增长，其效应并不随政府规模的改变而变化，这种消极影响较大可能来自于地方政府税收收入和非税收入的不稳定。

我国政府的收入一方面来自于税收，另一方面来自于非税收入。政府收入本质上是社会财富的一种再分配。政府收入增加，意味着更多的收入由生产部门转入非生产部门。从长期来看，这不利于经济增长。特别是，我国各级政府存在大量的非税收入，包括行政事业性收费、政府性基金、国有资产有偿使用收入、国有资本收益等项收入。相比于税收，非税收入的随意性较强，对经济的干扰也更直接。近年来，一方面政府希望通过减税来给企业减负，但同时非税收入却在提高。[①] 总体来说，政府收入，特别是非税收入的增加，会对长期增长带来负向影响。

政府收入的波动幅度提高会对我国的长期增长带来不利影响。一般来说，我国的税收制度比较稳定，而各种税收的税率也是比较稳定的。因此，相比于非税收入，税收的波动幅度相对较小。为了适应经济发展的需要，我国税收制度一直在进行改革，我国财税制度发生的比较大的变动有几次。1983 年，全国实行国营（有）企业“利改税”试点，1984 年全面实施国营（有）企业第二步“利改税”，从而实现了以税收为标志的国家与企业分配关系。1994 年我国进行了分税制改革，这次改革构建起了市场经济条件下的分级财政体制的基本框架。2012 年开始在上海实施营改增试点，一直到 2018 年营业税最终退出历史舞台，被增值税取代。总体来说，改革开放以来，我国的税收收入波动幅度较小，税收的波动性对经济增长的影响不大。而且，税收制度适用于全国，税收规模的变动幅度的省际差别很小。

非税收入作为一种公共治理工具，征收依据主要是一些普通的规章标准或规范性的文件，留给地方政府的灵活性和随意性也较大。作为地方收入的重要组成部分，我国地方财政非税收收入的管理制度却并不完善。这样，相较于税收收入来说，非税收入的波动性就

① 根据新华社的报道，2019 年上半年，全国非税收入达到 15 422 亿元，同比增长 21.4%。

比较大，而且不同的省之间，非税收入的差别也较大。因此，非税收入的不稳定就成为我国政府收入波动性的重要来源。这种波动性对经济增长有比较明显的负向影响。非税收入直接干预企业和个人的生产和经营，它的较强的随意性使得波动幅度较大，从而经济主体难以形成明确的预期，这样就对企业的经营带来较强的负向影响。政府收入的波动幅度越大，越不利于经济的稳定增长。

第三，经济波动通过政府支出规模对增长存在间接影响。这种间接影响是一种负向影响。

如果经济波动的幅度扩大，会导致政府为了化解波动性而扩大政府支出的规模。而更大的政府支出规模反过来会降低经济增长率。在经济波动影响经济增长的过程中，政府是极其重要的，增加政府支出进而扩大政府规模本身会对经济增长带来负向影响。

对于政府来说，经济波动的幅度越大，就越有动力增加政府支出来熨平经济周期，以保持经济的正常增长。政府支出的增加在短期内确实可以增加产出和就业。但是，政府支出会对投资和消费产生挤出效应，不利于经济的长期增长。这样，经济波动幅度的增大通过不断扩大的政府支出规模而降低经济的长期增长率。经济波动对增长的这种间接效应到底有多大，与政府支出的规模密切相关。政府支出的规模越大，波动性对增长的负向间接效应就越大。

6.2 政策建议

基于上面的结论，可以给出以下政策建议：

第一，密切关注经济波动的幅度，根据短期波动的幅度制定相应的政策。

对中国经济的长期增长来说，波动的正向和负向效应同时存在。如果短期波动的幅度未超过临界值，那么就无须对波动的幅度过度关注，关键是为企业的创新提供足够的条件和激励机制，增加技术冲击对经济总体波动的贡献。一个国家企业的技术创新能力也是一国经济波动性的重要源泉，各国经济社会发展越来越依赖于理论、制度、科技、文化等领域的创新，国际竞争力也越来越体现在创新能力上。科技创新对经济发展的贡献率越大，发展质量也就越高。所以一个企业应通过并购、投资或研发等方式引进高新技术，提高生产效率和产量，或是调整企业内部的资源配置，将更多的资金应用到创新、高效率的项目中去，进而提升经济总体的波动幅度。同时，政府也要大力培育发展新动能，加强国家创新体系建设，加强对企业特别是中小企业创新的支持，以促进科技成果的转化。同时尽量避免政策本身带给企业和个人的不确定性。这样，即使经济的波动幅度增加，也会对经济的长期增长产生有利的影响，从而实现高质量发展。

但是，如果短期波动的幅度已经超过临界值，说明短期波动已经对长期趋势产生关键的负向影响，那么需要迅速从财政政策和货币政策两方面采取措施，降低短期波动的幅度，有效地减缓经济的长期下行趋势。但是，一旦把经济波动控制在临界值以内，那么政府支出就不应该继续扩张，扩张性的财政政策和货币政策应该迅速退出。

第二，坚定不移地实行全面对外开放政策，有效应对国际市场的不确定性。

从外部因素来看，国际市场的不确定性会带来经济的波动性，而降低经济的波动性有助于提高产出的长期增长，所以，需要采取措施来降低国际市场的不确定性，通过多种渠道去了解国际市场的价格、政策、国与国之间关系等一系列问题的变化以应对突如其来的动荡。

当前世界，由于经济的下行压力，很多国家在对外贸易方面设置了更多的贸易壁垒，从而带来了很大的不确定性。特别是，2018年以来，美国政府对中国输美商品征收巨额关税，给中国的出口造成重大损失，中国对美国的出口额巨量减少。这种外部市场带来的不确定性加剧了我国的经济波动，给我国的经济带来巨大压力。但越是如此，我们越是要坚持对外开放，不能把自己和国际市场隔绝开。

第三，控制政府规模，避免政府支出和收入成为经济波动的来源。

经济周期是客观存在的，只要它被控制在合理的范围内，那么就不是太严重的问题。而为了熨平经济周期，政府使用扩张性的财政政策和货币政策往往会使得政府本身成为不确定性的来源因素，影响消费者和企业的预期，不利于经济的长期增长。因此，政府应该控制政府支出和收入的规模，不直接干预经济，这有助于减小或稳定经济波动，有助于促进长期的经济增长。

应充分发挥波动性对增长的正向直接效应，尽可能降低短期波动通过政治支出规模而对长期增长造成的负向间接效应。在面对系统的市场不确定性的情况下，应尽可能地发挥市场本身的调节作用和清理效应，让企业的决策权发挥主导作用。为了应对短期经济波动，企业减少当前投资，在研发、创新方面增加支出是关键所在。为了缩小经济的短期波动幅度，政府往往倾向于增加政府支出，但这会对经济增长带来负向影响。从长期来看，政府应适当控制政府支出规模，减少对市场的直接干预，更多地从制度上为企业的技术创新提供支持。

参考文献

[1] Acemoglu D, Johnson S, Robinson J, Thaicharoen Y. Institutional causes, macroeconomic symptoms: volatility, crises and growth [J]. Journal of Monetary Economics, 2003, 50(1): 49-123.

[2] Acemoglu D, Zilibotti F. Was Prometheus unbound by chance? Risk, diversification, and growth [J]. Journal of political economy, 1997, 105(4): 709-751.

[3] Afonso A, Furceri D. Government size, composition, volatility and economic growth [J]. European Journal of Political Economy, 2010, 26 (4): 517-532.

[4] Aghion P, Angeletos G-M, Banerjee A, Manova K. Volatility and growth: Credit constraints and the composition of investment [J]. Journal of Monetary Economics, 2010, 57(3): 246-265.

[5] Aghion P, Howitt P. A Model of Growth Through Creative Destruction [J]. Econometrica, 1992, 60(2): 323-351.

[6] Aghion P, Saint-Paul G. Virtues of bad times interaction between productivity growth and economic fluctuations [J]. Macroeconomic Dynamics, 1998, 2(03): 322-344.

[7] Aisen A, Veiga F J. How does political instability affect economic growth? [J]. European Journal of Political Economy, 2013, 29: 151-167.

[8] Aizenman J, Marion N P. Policy uncertainty, persistence and growth[J]. Review of international economics, 1993, 1(2): 145-163.

[9] Akai N, Hosio M. Fiscal decentralization, commitment and regional inequality: Evidence from state-level cross-sectional data for the United States[J]. Journal of Income Distribution, 2009, 18(1): 113-129.

[10] Alesina A, Wacziarg R. Openness, country size and government [J]. Journal of Public Economics, 1998, 69(3): 305-321.

[11] Arellano M, Bover O. Another look at the instrumental variable estimation of error-components models[J]. Journal of Econometrics, 1995, 68(1): 29-51.

[12] Arrow K J. The economic implications of learning by doing[J]. Review of Economic Studies & Statistics, 1962, 29(3): 155-173.

[13] Ayhan Kose M, Prasad E S, Terrones M E. Growth and Volatility in an Era of Globalization[J]. IMF Staff Papers, 2005, 52: 31-63.

[14] Backus D K, Kehoe P J. International Evidence on the Historical Properties of Business Cycles[J]. The American Economic Review, 1992, 82(4): 864-888.

[15] Badinger H. Output volatility and economic growth [J]. Economics Letters, 2010, 106(1): 15-18.

[16] Badinger H. Cyclical expenditure policy, output volatility and economic growth[J]. Applied Economics, 2012, 44(7): 835-851.

[17] Baker S R, Bloom N, Davis S J. Measuring Economic Policy Uncertainty[J]. The Quarterly Journal of Economics, 2016, 131(4): 1593-

1636.

[18] Barlevy G. The Cost of Business Cycles under Endogenous Growth[J]. American Economic Review, 2004: 964-990.

[19] Barlevy G. On the cyclicality of research and development[J]. The American Economic Review, 2007: 1131-1164.

[20] Barro R J. Government Spending in a Simple Model of Endogeneous Growth[J]. Journal of Political Economy, 1990, 98(5, Part 2): S103-S125.

[21] Barro R J. Human Capital and Growth[J]. American Economic Review, 2001, 91(2): 12-17.

[22] Barro R J, Lee J-W. Sources of economic growth[J]. Carnegie-Rochester Conference Series on Public Policy, 1994, 40: 1-46.

[23] Basu S. Intermediate Goods and Business Cycles: Implications for Productivity and Welfare[J]. American Economic Review, 1995, 85(3): 512-531.

[24] Beaumont P M, Norrbin S C, Yigit F P. Time series evidence on the linkage between the volatility and growth of output[J]. Applied Economics Letters, 2008, 15(1): 45-48.

[25] Berger T, Kempa B. Bayesian estimation of the output gap for a small open economy: The case of Canada[J]. Economics Letters, 2011, 112(1): 107-112.

[26] Bergh A, Henrekson M. Government Size and Growth: a Survey and Interpretation of the Evidence[J]. Journal of Economic Surveys, 2011, 25(5): 872-897.

[27] Bernanke B, Gertler M, Gilchrist S. The Financial Accelerator and the Flight to Quality [J]. The Review of Economics and Statistics, 1996, 78(1): 1-15.

[28] Berument M H, Ceylan N B, Dogan N. The Impact of Oil Price Shocks on the Economic Growth of Selected MENA Countries [J]. The Energy Journal, 2010, 31(1): 149-176.

[29] Blanchard O, Shleifer A. Federalism with and without Political Centralization: China Versus Russia [J]. IMF Staff Papers, 2001, 48(1): 171-179.

[30] Bollerslev T. Generalized autoregressive conditional heteroskedasticity [J]. Journal of Econometrics, 1986, 31(3): 307-327.

[31] Born B, Pfeifer J. Policy risk and the business cycle [J]. Journal of Monetary Economics, 2014, 68: 68-85.

[32] Brogaard J, Detzel A. The Asset - Pricing Implications of Government Economic Policy Uncertainty [J]. Management Science, 2015, 61(1): 3-18.

[33] Brunetti A. Policy volatility and economic growth: A comparative, empirical analysis [J]. European Journal of Political Economy, 1998, 14(1): 35-52.

[34] Caballero R J, Hammour M L. The Cleansing Effect of Recessions [J]. The American Economic Review, 1994, 84(5): 1350-1368.

[35] Caldara D, Fernández-Villaverde J, Rubio-Ramírez J F, Yao

W. Computing DSGE models with recursive preferences and stochastic volatility[J]. Review of Economic Dynamics,2012,15(2):188-206.

[36]Carmignani F,Colombo E,Tirelli P. Macroeconomic risk and the (de)stabilising role of government size[J]. European Journal of Political Economy,2011,27(4):781-790.

[37] Chauvet L, Guillaumont P. Aid, Volatility, and Growth Again: When Aid Volatility Matters and When it Does Not [J]. Review of Development Economics,2009,13(3):452-463.

[38] Chen X, Mills T. Measuring the Euro area output gap using a multivariate unobserved components model containing phase shifts[J]. Empirical Economics,2012,43(2):671-692.

[39]Clark P K. The Cyclical Component of U. S. Economic Activity [J]. The Quarterly Journal of Economics,1987,102(4):797-814.

[40] Claus I, Conway P, Scott A. The output gap: measurement, comparisons and assessment[R]. Reserve Bank of New Zealand. 2000.

[41]Cogley T,Nason J M. Output Dynamics in Real-Business-Cycle Models[J]. The American Economic Review,1995,85(3):492-511.

[42] Colombo V. Economic policy uncertainty in the US: Does it matter for the Euro area? [J]Economics Letters,2013,121(1):39-42.

[43] Combes J-L, Guillaumont P. Commodity Price Volatility, Vulnerability and Development[J]. Development Policy Review,2002,20(1):25-39.

[44] Cuñado J, Pérez de Gracia F. Do oil price shocks matter?

Evidence for some European countries[J]. Energy Economics, 2003, 25 (2): 137-154.

[45] Domar E D. Capital Expansion, Rate of Growth, and Employment [J]. Econometrica, 1946, 14(2): 137-147.

[46] Drost F C, Nijman T E. Temporal Aggregation of Garch Processes[J]. Econometrica, 1993, 61(4): 909-927.

[47] Eaton J. Fiscal policy, inflation and the accumulation of risky capital[J]. The Review of Economic Studies, 1981, 48(3): 435-445.

[48] Engle R F. Autoregressive Conditional Heteroscedasticity with Estimates of the Variance of United Kingdom Inflation[J]. Econometrica, 1982, 50(4): 987-1007.

[49] Engle R F, Lilien D M, Robins R P. Estimating Time Varying Risk Premia in the Term Structure: The Arch-M Model[J]. Econometrica, 1987, 55(2): 391-407.

[50] Evrensel A Y. Corruption, growth, and growth volatility[J]. International Review of Economics & Finance, 2010, 19(3): 501-514.

[51] Fatás A. The Effects of Bussiness Cycles on Growth[J]. Central Banking, Analysis, and Economic Policies Book Series, 2011, 6: 191-220.

[52] Fatás A, Mihov I. The Case for Restricting Fiscal Policy Discretion[J]. The Quarterly Journal of Economics, 2003, 118(4): 1419-1447.

[53] Feng Y. Political Freedom, Political Instability, and Policy Uncertainty: A Study of Political Institutions and Private Investment in

Developing Countries[J]. International Studies Quarterly, 2002, 45(2): 271-294.

[54] Ferderer P J. Oil price volatility and the macroeconomy[J]. Journal of Macroeconomics, 1996, 18(1): 1-26.

[55] Fernández-Villaverde J, Guerrón-Quintana P, Kuester K, Rubio-Ramírez J. Fiscal Volatility Shocks and Economic Activity[J]. American Economic Review, 2015, 105(11): 3352-3384.

[56] Flaig G. Why We Should Use High Values for the Smoothing Parameter of the Hodrick-Prescott Filter[J]. Jahrbücher für Nationalökonomie und Statistik, 2015, 235(6): 518.

[57] Furceri D. Is Government Expenditure Volatility Harmful for Growth? A Cross-Country Analysis[J]. Fiscal Studies, 2007, 28(1): 103-120.

[58] Galí J. Government size and macroeconomic stability[J]. European Economic Review, 1994, 38(1): 117-132.

[59] Gehlbach S, Keefer P. Investment without democracy: Ruling-party institutionalization and credible commitment in autocracies[J]. Journal of Comparative Economics, 2011, 39(2): 123-139.

[60] Geweke J. Bayesian Inference in Econometric Models Using Monte Carlo Integration[J]. Econometrica, 1989a, 57(6): 1317-1339.

[61] Geweke J. Exact predictive densities for linear models with arch disturbances[J]. Journal of Econometrics, 1989b, 40(1): 63-86.

[62] Grier K B, Tullock G. An empirical analysis of cross-national

economic growth,1951-1980[J]. Journal of Monetary economics,1989,24(2):259-276.

[63] Gulen H, Ion M. Policy Uncertainty and Corporate Investment [J]. The Review of Financial Studies,2015,29(3):523-564.

[64] Hall R E. Recessions as reorganizations[J]. NBER macroeconomics annual,1991:17-47.

[65] Hamilton J D. Oil and the Macroeconomy since World War II [J]. Journal of Political Economy,1983,91(2):228-248.

[66] Harrod R F. An Essay in Dynamic Theory[J]. The Economic Journal,1939,49(193):14-33.

[67] Harvey A C, Jaeger A. Detrending, stylized facts and the business cycle[J]. Journal of Applied Econometrics, 1993, 8(3): 231-247.

[68] Higgins M L, Bera A K. A Class of Nonlinear Arch Models[J]. International Economic Review,1992,33(1):137-158.

[69] Hodrick R J, Prescott E C. Postwar U. S. Business Cycles: An Empirical Investigation[J]. Journal of Money, Credit and Banking, 1997, 29(1):1-16.

[70] Howitt P. Steady Endogenous Growth with Population and R & D Inputs Growing[J]. Journal of Political Economy, 1999, 107(4): 715-730.

[71] Jawaid S T, Waheed A. Effects of Terms of Trade and its Volatility on Economic Growth: A Cross Country Empirical Investigation

[J]. Transition Studies Review, 2011, 18(2): 217-229.

[72] Jetter M. Volatility and growth: Governments are key [J]. European Journal of Political Economy, 2014, 36: 71-88.

[73] Jones C I. R & D-Based Models of Economic Growth [J]. Journal of Political Economy, 1995, 103(4): 759-784.

[74] Jones L E, Manuelli R. A Convex Model of Equilibrium Growth: Theory and Policy Implications [J]. Journal of Political Economy, 1990, 98 (5, Part 1): 1008-1038.

[75] Jones L E, Manuelli R E. Neoclassical models of endogenous growth: The effects of fiscal policy, innovation and fluctuations [J]. Handbook of Economic Growth, 2005, 1: 13-65.

[76] Jones L E, Manuelli R E, Siu H E. Fluctuations in convex models of endogenous growth, II: Business cycle properties [J]. Review of Economic Dynamics, 2005, 8(4): 805-828.

[77] Jones L E, Manuelli R E, Siu H E, Stacchetti E. Fluctuations in convex models of endogenous growth, I: Growth effects [J]. Review of Economic Dynamics, 2005, 8(4): 780-804.

[78] Kaldor N. A Model of Economic Growth [J]. The Economic Journal, 1957, 67(268): 591-624.

[79] King R G, Plosser C I, Rebelo S T. Production, growth and business cycles: I. The basic neoclassical model [J]. Journal of monetary Economics, 1988a, 21(2): 195-232.

[80] King R G, Plosser C I, Rebelo S T. Production, growth and

business cycles: II. New directions [J] . Journal of Monetary Economics, 1988b, 21(2): 309-341.

[81] Koren M, Tenreyro S. Volatility and Development [J]. The Quarterly Journal of Economics, 2007, 122(1): 243-287.

[82] Kormendi R C, Meguire P G. Macroeconomic determinants of growth: cross-country evidence [J]. Journal of Monetary economics, 1985, 16(2): 141-163.

[83] Kortum S S. Research, Patenting, and Technological Change [J]. Econometrica, 1997, 65(6): 1389-1419.

[84] Kose M A, Prasad E S, Terrones M E. How do trade and financial integration affect the relationship between growth and volatility? [J]. Journal of International Economics, 2006, 69(1): 176-202.

[85] Koteski C, Josheski D, Dimitrov N, Jakovlev Z, Bardarova S, Serafimova M. Volatility and growth [J]. Wulfenia Journal, 2013, 20(12): 1-12.

[86] Kydland F E, Prescott E C. Time to build and aggregate fluctuations [J]. Econometrica: Journal of the Econometric Society, 1982: 1345-1370.

[87] Lardic S, Mignon V. The impact of oil prices on GDP in European countries: An empirical investigation based on asymmetric cointegration [J]. Energy Policy, 2006, 34(18): 3910-3915.

[88] Lee K, Ni S, Ratti R A. Oil Shocks and the Macroeconomy: The Role of Price Variability [J]. The Energy Journal, 1995, 16(4): 39-56.

[89] Leland H E. Optimal Growth in a Stochastic Environment[J]. The Review of Economic Studies, 1974, 41(1): 75-86.

[90] Lensink R, Bo H, Sterken E. Does uncertainty affect economic growth? An empirical analysis[J]. Weltwirtschaftliches Archiv, 1999, 135(3): 379-396.

[91] Levhari D, Srinivasan T N. Optimal savings under uncertainty[J]. The Review of Economic Studies, 1969: 153-163.

[92] Levine R, Renelt D. A Sensitivity Analysis of Cross-Country Growth Regressions[J]. The American Economic Review, 1992, 82(4): 942-963.

[93] Li C-W. Endogenous vs. Semi-endogenous Growth in a Two-R&D-Sector Model[J]. The Economic Journal, 2000, 110(462): 109-122.

[94] Long Jr J B, Plosser C I. Real business cycles[J]. The Journal of Political Economy, 1983: 39-69.

[95] Lucas R E. On the mechanics of economic development[J]. Journal of Monetary Economics, 1988, 22(1): 3-42.

[96] Mark N C. Time-varying betas and risk premia in the pricing of forward foreign exchange contracts[J]. Journal of Financial Economics, 1988, 22(2): 335-354.

[97] Martin P, Ann Rogers C. Long-term growth and short-term economic instability[J]. European Economic Review, 2000, 44(2): 359-381.

[98]Mendoza E G. Terms-of-trade uncertainty and economic growth [J]. Journal of Development Economics, 1997, 54(2): 323-356.

[99] Mills T C. Business Cycle Volatility and Economic Growth: A Reassessment[J]. Journal of Post Keynesian Economics, 2000, 23(1): 107-116.

[100]Mirestean A, Tsangarides C G. Growth Determinants Revisited Using Limited-Information Bayesian Model Averaging [J]. Journal of Applied Econometrics, 2016, 31(1): 106-132.

[101] Mobarak A M. Democracy, Volatility, and Economic Development [J]. The Review of Economics and Statistics, 2005, 87(2): 348-361.

[102] Mumtaz H, Surico P. Policy uncertainty and aggregate fluctuations[J]. Journal of Applied Econometrics, 2018, 33(3): 319-331.

[103] Nickell S, Wadhwani S, Wall M. Productivity growth in UK companies, 1975-1986[J]. European Economic Review, 1992, 36(5): 1055-1085.

[104] Nodari G. Financial regulation policy uncertainty and credit spreads in the US[J]. Journal of Macroeconomics, 2014, 41: 122-132.

[105]Norrbin S C, Pinar Yigit F. The Robustness of the Link between Volatility and Growth of Output[J]. Review of World Economics, 2005, 141(2): 343-356.

[106] Organski A F K, Kugler J. The Costs of Major Wars: The Phoenix Factor[J]. American Political Science Review, 1977, 71(4): 1347-1366.

[107] Orphanides A, Norden S v. The Unreliability of Output-Gap Estimates in Real Time[J]. The Review of Economics and Statistics, 2002, 84(4): 569-583.

[108] Pástor L', Veronesi P. Political uncertainty and risk premia[J]. Journal of Financial Economics, 2013, 110(3): 520-545.

[109] Pastor L u, Veronesi P. Uncertainty about Government Policy and Stock Prices[J]. The Journal of Finance, 2012, 67(4): 1219-1264.

[110] Peretto P F. Technological Change and Population Growth[J]. Journal of Economic Growth, 1998, 3(4): 283-311.

[111] Phelps E S. The Accumulation of Risky Capital: A Sequential Utility Analysis[J]. Econometrica, 1962, 30(4): 729-743.

[112] Planas C, Rossi A, Fiorentini G. Bayesian Analysis of the Output Gap[J]. Journal of Business & Economic Statistics, 2008, 26(1): 18-32.

[113] Pritchett L. Understanding Patterns of Economic Growth: Searching for Hills among Plateaus, Mountains, and Plains[J]. The World Bank Economic Review, 2000, 14(2): 221-250.

[114] Raddatz C. Are external shocks responsible for the instability of output in low-income countries? [J]. Journal of Development Economics, 2007, 84(1): 155-187.

[115] Ramey G, Ramey V A. Cross-Country Evidence on the Link Between Volatility and Growth[J]. The American Economic Review, 1995, 85(5): 1138-1151.

[116] Rancière R, Tornell A, Westermann F. Systemic Crises and Growth[J]. The Quarterly Journal of Economics, 2008, 123(1): 359-406.

[117] Ravn M O, Uhlig H. On Adjusting the Hodrick-Prescott Filter for the Frequency of Observations [J]. The Review of Economics and Statistics, 2002, 84(2): 371-376.

[118] Rebelo S. Long-Run Policy Analysis and Long-Run Growth [J]. Journal of Political Economy, 1991, 99(3): 500-521.

[119] Rodrik D. Policy uncertainty and private investment in developing countries [J]. Journal of Development Economics, 1991, 36 (2): 229-242.

[120] Rodrik D. Why do more open economies have bigger governments? [J]. Journal of Political Economy, 1998, 106 (5): 997-1032.

[121] Romer P M. Increasing Returns and Long-Run Growth[J]. The Journal of Political Economy, 1986, 94(5): 1002-1037.

[122] Romer P M. Endogenous Technological Change[J]. Journal of Political Economy, 1990, 98(5, Part 2): S71-S102.

[123] Rossi B, Zubairy S. What Is the Importance of Monetary and Fiscal Shocks in Explaining U. S. Macroeconomic Fluctuations? [J]. Journal of Money, Credit and Banking, 2011, 43(6): 1247-1270.

[124] Schumpeter J A. Theory of economic development [M]. London: Routledge. 1934.

[125] Schumpeter J A. Business cycles (Vol. 1) [M]. New York:

McGraw-Hill New York. 1939.

[126] Segerstrom P S. Endogenous Growth without Scale Effects[J]. The American Economic Review, 1998, 88(5): 1290-1310.

[127] Serven L [J]. Uncertainty, instability, and irreversible investment: Theory, evidence, and lessons for Africa: The World Bank. 1999.

[128] Servén L [J]. Macroeconomic Uncertainty and Private Investment in Developing Countries: An Empirical Investigation: The World Bank. 1999.

[129] Siegler M V. International growth and volatility in historical perspective[J]. Applied Economics Letters, 2005, 12(2): 67-71.

[130] Smith A. An Inquiry into the Nature and Causes of the Wealth of Nations[M]. Oxford: Oxford University Press. 1776.

[131] Solow R M. A Contribution to the Theory of Economic Growth [J]. The Quarterly Journal of Economics, 1956, 70(1): 65-94.

[132] Solow R M. Perspectives on Growth Theory [J]. Journal of Economic Perspectives, 1994, 8(1): 45-54.

[133] Stadler G W. Business Cycle Models with Endogenous Technology[J]. The American Economic Review, 1990, 80(4): 763-778.

[134] Swan T W. Economic Growth Capital Accumulation[J]. Economic Record, 1956, 32(2): 334-361.

[135] Temple J. The Long-Run implications of Growth Theories[J]. Journal of Economic Surveys, 2003, 17(3): 497-510.

[136] Turnovsky S J, Chattopadhyay P. Volatility and growth in developing economies: some numerical results and empirical evidence[J]. Journal of International Economics, 2003, 59(2): 267-295.

[137] Uzawa H. Optimum Technical Change in An Aggregative Model of Economic Growth[J]. International Economic Review, 1965, 6(1): 18-31.

[138] van der Ploeg F, Poelhekke S. Volatility and the natural resource curse[J]. Oxford Economic Papers, 2009, 61(4): 727-760.

[139] Watson M W. How Accurate Are Real-Time Estimates of Output Trends and Gaps? [J]. Economic Quarterly-Federal Reserve Bank of Richmond, 2007, 93(2): 143-149, 151-153, 155-161.

[140] Wolf H. Volatility: definitions and consequences [M]// J. Aizenman & B. Pinto (Eds.): Managing economic volatility and crises. Cambridge: Cambridge Unirersity Press, 2005: 45-64.

[141] Young A. Growth without Scale Effects[J]. Journal of Political Economy, 1998, 106(1): 41-63.

[142] Zakoian J-M. Threshold heteroskedastic models[J]. Journal of Economic Dynamics and Control, 1994, 18(5): 931-955.

[143] Zheng J, Hu A, Bigsten A. Potential Output in a Rapidly Developing Economy: The Case of China and a Comparison with the United States and the European Union[J]. Federal Reserve Bank of St. Louis Review, 2009, 91(4): 317-342.

[144]陈利锋．政府支出的构成与中国经济波动——基于动态随

机一般均衡模型的分析[J]. 南方经济,2016(04):1-23.

[145]陈昆亭,周炎,龚六堂. 短期经济波动如何影响长期增长趋势？[J]. 经济研究,2012(1):42-53.

[146]池建宇,赵家章. 短期经济波动如何影响长期增长——来自中国省级层面的证据[J]. 北京工商大学学报(社会科学版),2015(02):8-17.

[147]池建宇,赵家章. 政府收支规模、波动与经济增长[J]. 经济与管理研究,2018(9):17-28.

[148]杜两省,齐鹰飞,陈太明. 经济波动对中国经济增长影响的稳健性研究[J]. 云南财经大学学报,2011,27(04):3-12.

[149]方福前. 实现经济突围须选好长短期突破点——中国经济减速的原因与出路分析[J]. 人民论坛,2014(26):14-16.

[150]方福前,邢炜. 中国经济短期波动对长期增长的影响:金融发展的作用[J]. 经济学动态,2016(9):4-16.

[151]方福前,邢炜,王康. 中国经济短期波动对长期增长的影响——资源在企业间重新配置的视角[J]. 管理世界,2017(01):30-50.

[152]樊勇. 我国县级政府税收收入的结构、规模及影响分析[J]. 中国财政,2011(12):46-48.

[153]高铁梅,王金明,陈飞. 中国转轨时期经济增长周期波动特征的实证分析[J]. 财经问题研究,2009(01):22-29.

[154]龚六堂,邹恒甫. 政府公共开支的增长和波动对经济增长的影响[J]. 经济学动态,2001(09):58-63.

[155]郭庆旺,赵旭杰．地方政府投资竞争与经济周期波动[J]．世界经济,2012,35(05):3-21.

[156]郭豫媚,陈彦斌．中国潜在经济增长率的估算及其政策含义:1979—2020[J]．经济学动态,2015(2):12-18.

[157]贺大兴,姚洋．社会平等、中性政府与中国经济增长[J]．经济研究,2011,46(01):4-17.

[158]黄宁,郭平．经济政策不确定性对宏观经济的影响及其区域差异——基于省级面板数据的 PVAR 模型分析[J]．财经科学,2015(06):61-70.

[159]黄赜琳．中国经济周期特征与财政政策效应[J]．经济研究,2005,6:27-39.

[160]黄赜琳,朱保华．中国的实际经济周期与税收政策效应[J]．经济研究,2015,50(03):4-17+114.

[161]胡鞍钢．中国经济波动报告[J]．中外管理导报,1995(02):12-17.

[162]蒋迪娜．基于 BP 滤波的 BDI 周期性问题研究[J]．技术经济与管理研究,2010(05):23-26.

[163]金雪军,钟意,王义中．政策不确定性的宏观经济后果[J]．经济理论与经济管理,2014(02):17-26.

[164]李永友．经济波动对经济增长的减损效应:中国的经验证据[J]．当代经济科学,2006,28(4):8-14.

[165]连平,吴金友．中国经济周期波动研究(1978—2009 年)[J]．世界经济研究,2011,9.

[166]刘建江,罗双成,邹花兰. 短期经济波动与长期增长关系研究综述[J]. 长沙理工大学学报(社会科学版),2015,30(03):111-121.

[167]刘金全,张鹤. 经济增长风险的冲击传导和经济周期波动的“溢出效应”[J]. 经济研究,2003(10):32-39+91.

[168]刘霞辉. 为什么中国经济不是过冷就是过热[J]. 经济研究,2004(11):58-68.

[169]卢二坡. 短期波动对长期增长影响的经验研究综述[J]. 经济学动态,2008(04):67-71.

[170]卢二坡. 经济短期波动对长期增长影响的研究综述[J]. 统计与决策,2011(15):153-156.

[171]卢二坡,曾五一. 转型期中国经济短期波动对长期增长影响的实证研究[J]. 管理世界,2008(12):10-23.

[172]卢二坡,王泽填. 短期波动对长期增长的效应——基于省际面板数据的经验证据[J]. 统计研究,2007,24(6):32-36.

[173]皮俊,周建军,杨胜刚,邢炜. 中国经济增长和波动的倒U型关系:杠杆率非对称变化机制视角[J]. 中国软科学,2017(02):132-147.

[174]钱士春. 经济增长与波动关系研究综述[J]. 经济学动态,2004(04):86-89.

[175]饶晓辉,刘方. 政府生产性支出与中国的实际经济波动[J]. 经济研究,2014,49(11):17-30.

[176]孙东升,梁仕莹. 我国粮食产量预测的时间序列模型与应

用研究[J]. 农业技术经济,2010(03):97-106.

[177]张世英,柯珂 . ARCH 模型体系[J]. 系统工程学报,2002(03):236-245.

[178]张玉鹏,王茜 . 政策不确定性的非线性宏观经济效应及其影响机制研究[J]. 财贸经济,2016(04):116-133.

[179]邵军,徐康宁 . 转型时期经济波动对我国生产率增长的影响研究[J]. 经济研究,2011,46(12):97-110.

[180]田磊,林建浩 . 经济政策不确定性兼具产出效应和通胀效应吗? 来自中国的经验证据[J]. 南开经济研究,2016(02):3-24.

[181]王翔,李凌 . 中国的金融发展,经济波动与经济增长:一项基于面板数据的研究[J]. 上海经济研究,2009(2):34-43.

[182]谢继文,池建宇 . 经济短期波动对长期增长的影响——基于面板 VAR 的实证分析[J]. 河北经贸大学学报,2015(06):43-48.

[183]徐伟 . 我国经济波动与经济增长关系研究——基于 ARMA-GARCH-M 模型的经验分析[J]. 江西社会科学,2013,33(04):54-58.

[184]杨海生,陈少凌,罗党论,佘国满 . 政策不稳定性与经济增长——来自中国地方官员变更的经验证据[J]. 管理世界,2014(09):13-28+187-188.

[185]郑挺国,王霞 . 中国产出缺口的实时估计及其可靠性研究[J]. 经济研究,2010,45(10):129-142.

[186]钟春平,徐长生 . 经济增长与经济周期内在关联研究前沿[J]. 经济学动态,2004(10):65-69.

[187]周业安,章泉 . 财政分权,经济增长和波动[J]. 管理世界,

2008(3).

[188]周晓艳,张杰,李鹏飞. 中国季度潜在产出与产出缺口的再估算——基于不可观测成分模型的贝叶斯方法[J]. 数量经济技术经济研究,2012,29(10):3-19.

[189]周达军. 我国经济波动对增长的负面效应的实证分析[J]. 经济管理,2007,14:75-80.